工程项目
主体行为风险管理

何旭东◎著

BEHAVIOR RISK
MANAGEMENT OF ENGINEERING
PROJECT SUBJECT

经济管理出版社
ECONOMY & MANAGEMENT PUBLISHING HOUSE

图书在版编目（CIP）数据

工程项目主体行为风险管理/何旭东著 . —北京：经济管理出版社，2022.5
ISBN 978-7-5096-8432-0

Ⅰ.①工…　Ⅱ.①何…　Ⅲ.①工程项目管理—风险管理—研究　Ⅳ.①F284

中国版本图书馆 CIP 数据核字（2022）第 090760 号

组稿编辑：张巧梅
责任编辑：赵天宇
责任印制：黄章平
责任校对：陈　颖

出版发行：经济管理出版社
　　　　　（北京市海淀区北蜂窝 8 号中雅大厦 A 座 11 层　100038）
网　　　址：www. E-mp. com. cn
电　　话：（010）51915602
印　　刷：唐山玺诚印务有限公司
经　　销：新华书店
开　　本：720mm×1000mm/16
印　　张：13.5
字　　数：228 千字
版　　次：2022 年 7 月第 1 版　　2022 年 7 月第 1 次印刷
书　　号：ISBN 978-7-5096-8432-0
定　　价：88.00 元

目　录

第一章　工程项目主体行为风险管理概述 ……………………………………… 1

    第一节　研究背景、目的和意义 ……………………………………… 1

    第二节　研究的主要内容及研究方法 ………………………………… 5

    第三节　相关领域国内外研究现状分析 ……………………………… 8

    第四节　本章小结 …………………………………………………… 20

第二章　利益相关者属性识别与研究边界确定 ………………………………… 21

    第一节　工程项目利益相关者界定 ………………………………… 21

    第二节　工程项目利益相关者分类 ………………………………… 28

    第三节　工程项目利益相关者属性识别 …………………………… 34

    第四节　本章小结 …………………………………………………… 46

第三章　利益相关者与项目关系研究 …………………………………………… 48

    第一节　项目关系管理概述 ………………………………………… 48

    第二节　工程项目关系管理的理论分析 …………………………… 51

    第三节　工程项目关系分析工具的应用 …………………………… 55

    第四节　工程项目利益相关者双向互动关系实证分析 …………… 59

    第五节　本章小结 …………………………………………………… 64

第四章　工程项目主体行为风险识别与分类 …………………………………… 65

    第一节　风险认知 …………………………………………………… 65

第二节　工程项目风险分类 ································· 70

第三节　工程项目主体行为风险识别 ···················· 77

第四节　利益相关者视角下的项目主体行为风险分析 ···· 83

第五节　本章小结 ····································· 89

第五章　基于 SNA 的主体行为风险管理研究 ·············· 91

第一节　社会网络分析（SNA）概述 ···················· 91

第二节　社会网络分析应用模型 ······················· 94

第三节　SNA 视角下利益相关者项目关系分析 ·········· 98

第四节　SNA 在工程项目主体行为风险管理中的应用 ···· 101

第五节　本章小结 ····································· 103

第六章　基于复杂性分析的主体行为风险管理研究 ········· 105

第一节　复杂性理论的研究内容 ······················· 105

第二节　工程项目复杂性特征 ························· 107

第三节　工程项目主体行为复杂性分析 ················· 111

第四节　复杂性理论在工程项目管理中的应用 ··········· 114

第五节　本章小结 ····································· 120

第七章　工程项目主体行为风险的博弈分析 ·············· 122

第一节　工程项目管理的逆向选择和道德风险 ··········· 122

第二节　项目主体"寻租"行为的成本收益分析 ········· 127

第三节　工程项目主体行为博弈分析 ···················· 129

第四节　工程项目行为主体的激励机制博弈分析 ········· 133

第五节　本章小结 ····································· 139

第八章　工程项目主体行为风险评价 ···················· 141

第一节　工程项目风险评价的准则和过程 ··············· 141

第二节　工程项目主体行为风险评价的定性分析 ········· 143

第三节　工程项目主体行为风险评价的定量分析 ········· 148

第四节　工程项目主体行为风险的模糊综合评价 ········· 153

第五节　本章小结 ……………………………………………………… 157

第九章　工程项目主体行为风险的响应与控制 …………………………… 159

　　第一节　工程项目主体行为风险响应策略概述 ……………………… 159

　　第二节　合同风险管理 ……………………………………………… 161

　　第三节　竞争风险管理 ……………………………………………… 162

　　第四节　组织风险管理 ……………………………………………… 163

　　第五节　文化风险管理 ……………………………………………… 170

　　第六节　工程项目主体行为风险管理综合框架模型 ………………… 171

第十章　结论与展望 ………………………………………………………… 175

　　第一节　研究结论 …………………………………………………… 175

　　第二节　研究创新 …………………………………………………… 178

　　第三节　研究不足与展望 …………………………………………… 179

参考文献 ……………………………………………………………………… 180

附　录 ………………………………………………………………………… 200

　　附录1 ………………………………………………………………… 200

　　附录2 ………………………………………………………………… 201

第一章　工程项目主体行为风险管理概述

第一节　研究背景、目的和意义

随着世界经济的高速发展和科学技术的不断进步，以及经济结构的剧烈变化，市场竞争日益激烈，工程项目面临的风险和不确定因素越发增多，从而导致风险事故频频发生，风险损失也越来越严重。因此，对建设工程项目的潜在风险进行识别、分类、评价、决策和响应控制已成为各建设项目主体的一项重要任务。

一、研究背景

工程项目建设是个投资规模大、风险因素多、建设周期长、施工技术要求高、各利益主体关系错综复杂的生产消费过程，属于非常复杂的系统性工程，存在大量不确定因素，并且是动态变化的。

大量不确定因素的存在使项目管理变得非常困难。一方面由于项目的复杂性和项目信息的不完全性，对它们的识别及把握有一定难度；另一方面从事项目活动的各主体认识不足或者没有足够的能力加以控制，尤其是项目利益相关者的利益需求和对项目价值的判断存在一定差异，进一步加剧了工程项目风险的多变性和复杂性。

Burton（2003）运用权变因素描述项目环境，认定项目环境是一个"高复杂性、高模糊性、高不确定性"的情景，这些特征使项目利益相关者管理变得更加困难。项目管理团队必须快速适应项目环境，使项目组织、项目文化同项目的社会环境协调合拍。因此，从某种程度上可以说，项目管理最重要的任务就是对项目不确定性因素和风险性问题进行分析和管理。

研究学者普遍认为，工程项目利益相关者是项目风险和不确定性的主要来源之一。工程项目主体涉及政府部门、业主、设计单位、承包商、供应商、监理单位、合作伙伴、竞争对手等工程项目利益相关者，是项目中最活跃的生产力因素之一，贯穿于工程项目的始终，工程项目主体任何一个特定的行为均会对项目结果产生不同程度的影响。各项目主体的根本利益是一致的，都是保证项目目标的顺利实现。同时，各项目主体还是一个理性的利益经济体，担负着实现利润的压力，必然会受到经济利益的驱动，从自身的角度出发追逐利益最大化，从而可能产生逆向选择和道德风险。

Barnes（2003）指出，在项目管理中人为因素更应该受到重视，项目主体的行为问题研究在工程项目管理中占据越来越重要的地位。

工程项目主体行为已经成为工程项目失败的主要因素。行为问题在项目管理中占据越来越重要的地位，行为问题已经成为项目管理研究的焦点，项目风险管理的核心在于对工程项目主体行为的管理，研究和防范项目主体行为风险有利于项目管理的和谐运作，是实现各利益主体共赢的前提条件。

Cleland（2002）曾研究了导致工程项目失败的原因，在他归纳整理的 19 个项目失败原因中，有 9 个属于主体行为不当造成的，如项目设计计划任意变更、项目经理管理协调能力不足、施工建设预估不充分、与项目相关利益人的沟通关系不好等。

二、研究目的

有关工程项目风险管理研究的文献很多，但是长期以来人们偏重于项目客观事件风险的研究，分析风险事件发生的概率和可能造成的损失，而对工程项目主体行为风险尚未进行系统性的研究。工程项目主体行为风险是指由于业主、承包商、监理方、供应商等工程项目主体的特定行为不当所造成的项目损失的可能性，是相对于客观事件风险而言的。工程项目主体行为风险与客观事件风险相比，具有其特殊性，属于项目基本风险，与工程项目主体的行为决策密切相关，其风险后果直接影响整个项目计划的实施。因此，深入研究工程项目主体行为风险，不仅具有重要的理论意义，而且具有重要的实践价值。

研究工程项目主体即关键利益相关者的行为风险管理需要从组织效率的角度考虑。关键利益相关者相对公司而言状况相似，他们都给公司以专用性投资，并承担剩余风险，密切关注着公司的经营发展，他们的行为直接影响公司的发展，公司的经营状况也同他们的自身利益密切相关。因此，他们会为了自身利益或目标而致力于公司的高效运营。而公司的整体目标也是为关键利益相关者创造价值，这样既不会像股东利润最大化的公司治理模式那样过分关注短期绩效从而忽视长远的发展，又避免了利益相关者管理模式为所有的相关者创造价值而使公司为之服务的主体过于宽泛从而导致运营效率低下。

基于利益相关者研究是从关系管理的角度考虑的。工程项目风险因素的发生根源往往来自人的因素，要从本质上认清项目风险因素并加以有效响应，需要研究利益相关者之间相互作用、相互影响的行为机制。因为工程项目主体同时也是项目的关键利益相关者，现代项目管理过程中的计划、管理、控制的最终目的还是为了使项目成果能够符合利益相关者的需求。研究表明项目的成败与项目利益相关者对项目的价值判断和其与项目团队的关系如何有着较强相关性。

某种意义上说，项目管理就是项目关系管理，项目关系包括项目经理和项目利益相关者的关系，以及项目利益相关者之间的关系；既包括项目系统内部诸多元素的相互关系，也包括项目系统外部与项目内部之间的互动关系。关系网络覆盖项目的内部和外部环境，影响和支撑项目的实施和运营，能否满足利益相关者需求是项目成功的核心。

三、研究意义

随着市场竞争的日益激烈，工程项目所涉及的不确定因素日益增多，所面临的风险也越来越复杂。工程项目的高风险带来高失败率，给国家和企业带来难以估量的人力和财力损失，对项目风险管理研究领域的声誉也是一种挑战。因此，本书的研究意义在于：

（1）将项目利益相关者相关学说引入项目风险管理研究中，拓宽了利益相关者理论应用的范围，丰富了项目风险管理理论的内容。

（2）分析利益相关者与项目主体以及项目风险之间的关系，有助于认清项目风险的本质，发现工程项目风险的运动规律，从而开发出有效的风险响应技术，将有利于降低工程项目的整体风险。

（3）针对传统的工程项目风险研究偏重于客观风险因素，轻视主体行为风险因素的系统性研究这一事实，重新界定项目主体行为风险的新概念，基于利益相关者理论建立项目主体行为风险的指标体系并进行综合评价，可以给项目实践者提供风险分析和决策的参考依据。

（4）基于利益相关者视角，各项目参与主体除了存在为了各自利益同其他主体进行竞争博弈之外，还应该考虑合作、和谐、公平、伙伴战略关系等新因素，从而进行合作性博弈，进而实现现代项目管理中的"和谐"要求。

（5）通过对项目主体风险的生成机理、指标评价体系研究，提出风险响应策略，建立主体行为风险的相关管理模型，便于项目管理者的实际运用。

四、研究目标和关键问题

（1）基于利益相关者角度，分析工程项目主体行为风险要素，探究工程项目主体行为风险因素的相互作用机制与内在规律，揭示工程项目主体行为风险生成机理与运动规律，有助于揭示工程项目主体行为风险的本质。

（2）基于利益相关者角度，考虑工程项目全寿命周期的动态特点，对项目主体行为风险进行分析、评价，这也是风险防范和实施动态监控的前提条件。对工程项目全寿命周期主体行为风险进行分析主要是基于问卷调查、专家咨询等方法分析工程项目主体行为风险因素，对其风险因素进行辨识、分类，从而提出工程项目主体行为风险评价指标体系假设，采用模糊数学方法对其指标体系进行刻画，从而构建工程项目主体行为风险评价指标体系，评价项目主体行为因素的风险程度；借鉴国内外项目风险评价理论与经验，建立项目主体行为风险的多级评价模型，并对项目主体行为的总体风险进行综合度量。

（3）基于利益相关者角度，结合社会网络分析（Social Network Analysis，SNA）及复杂适应系统（Complex Adaptive Systems，CAS）理论，揭示了复杂项目组织及其行为运动规律，探讨如何通过建立合适的组织结构、组织设计、管理制度、管理方法，达成项目管理风格与项目类型的适当匹配，通过项目领导与项目管理者职责的适当定位等，实现对组织风险的管理。

（4）基于利益相关者角度，解决项目管理中的文化风险管理问题。通过探讨文化差异客观存在的前提条件下项目关系的沟通与团队文化建设，解决项目组织成员之间不同文化的融合、信任、适应和包容等风险因素给项目带来的潜在风险，实现对项目文化风险的管理。

（5）基于利益相关者角度，结合博弈论，研究某一项目主体与其他潜在竞争对手、其他项目主体在协作和竞争中所承受的风险，也就是项目主体行为风险中的外部风险。传统的委托—代理模型是以"理性人假定"为基础的，代理人的行为只对其所获得的绝对报酬做出反应，工程项目主体之间的博弈表现为"非合作型博弈"。而研究表明代理人在社会偏好和公平偏好下会表现出"互惠性"非理性行为，从而选择"合作博弈"。因此，将现实中项目主体的公平偏好等因素纳入工程项目主体行为风险管理的最优机制设计中，根据这种理论假设设计的激励机制将更加有效率，可以实现项目风险的合理分配。

（6）根据以上综合分析，建立便于项目实践应用的项目主体行为风险管理综合框架模型。

第二节　研究的主要内容及研究方法

与客观事件风险的可管理性较低相比，主体行为风险具有不同程度的可管理性，可以通过理论研究和前瞻性的行为决策把风险控制在一定范围内。目前基于主体行为的风险主要有竞争行为风险、合同风险、建设施工风险、组织风险、文化风险等。

一、研究内容

（1）系统梳理国内外有关工程项目主体行为风险研究的现状与发展趋势，剖析传统的工程项目风险管理研究在项目主体行为风险方面的薄弱环节，进而提出应该从注重客观风险因素研究转向基于利益相关者角度研究项目主体行为风险，更有助于从本质上认识工程项目风险，从而在根本上降低风险的发生概率，进而提高工程项目的成功率。

（2）通过实证研究讨论利益相关者属性识别方法，确定研究边界。对于某一项目而言，项目资源是有限的，在实施基于利益相关者的风险管理过程中，必须识别影响项目的关键利益相关者，确定应对策略和管理优先次序，为项目风险管理研究划定了工程项目主体对象范围。

（3）工程项目利益相关者之间及其同项目管理之间的互动关系研究。分析利益相关者与项目主体以及项目风险之间的关系，有助于认清项目风险的本质，发现工程项目风险的运动规律，从而开发出有效的风险响应技术，有利于降低工程项目的整体风险。

（4）基于利益相关者的工程项目主体行为风险识别与分类研究。传统的风险分析范式是期望效用理论，其基础是概率计算。广义的风险应该包括可以测量的不确定性，以及无法测度的不确定性和未知的因素。在此基础上，分析了利益相关者的主体行为带来的不确定性，剖析了其产生根源，并对主体行为风险进行分类识别和定义。

（5）工程项目主体行为风险机理研究。运用多学科知识，从利益相关者理论、社会网络理论和复杂性理论以及主体行为和风险的博弈分析等多个视角，分析了工程项目主体行为及其可能对项目带来的不确定性和风险因素，也深入剖析了项目主体行为风险的形成机理及其运动特点，尝试从不同理论视角提出工程项目主体行为风险管理的框架模型和方法工具。

（6）工程项目主体行为风险评价。对工程项目风险评价的定性和定量分析方法进行述评，指出一般风险评价分析方法的优缺点和适用范围。基于项目利益相关者角度，运用实际案例定性分析了项目主体行为风险对项目的影响。另外，运用模糊综合评价分析方法结合具体的案例，对特定项目的主体行为风险进行综合评价分析。

（7）工程项目主体行为风险的响应与控制研究。首先，提出项目主体行为风险响应与控制机制要注意从利益相关者和行为分析的视角考虑问题；其次，分别从合同风险管理、竞争风险管理、组织风险管理及文化风险管理等几个方面探讨项目主体行为风险管理的响应策略；最后，提出工程项目主体行为风险管理的综合框架。

二、研究方法

（1）运用定性与定量相结合的综合集成方法。项目风险所涉及的系统是一个复杂开放的系统，对其研究应采用定量与定性相结合的集成综合方法。定量与定性相结合的集成综合方法，就实质而言，是将有关行业的专家群体意见、历史数据和各种调研信息与计算机软件有机结合起来。这三者自身也构成了一个相互作用的系统，有利于发挥系统的综合优势和整体优势。

这种系统研究方法和系统认知方法的本质是用与被研究对象复杂性相适应的

"认知系统"去研究"对象系统"。也就是说，不是用非系统方式，也不是用简单的系统去对付复杂的系统，而是构建足够复杂的研究主体，其复杂性相当于或高于被研究对象的客体。这种集成方式就是要把各种有效的研究方法综合起来，形成研究主体相对于研究客体的整体优势。

（2）运用系统分析法研究。系统论的最基本思想是整体性和效益性，即整体大于部分之和，系统的整体具有其组成部分在孤立状态中所没有的性质。因此，在研究工程项目主体行为风险时，既要分析项目组织内部的管理风险、文化风险，又要分析外部的竞争协作风险，同时还要从所有利益相关者的需求角度结合项目生命周期，全面整体考虑项目的集成风险。

（3）文献研究和实地调研相结合的方法。文献研究法是指通过查阅、收集、分析、综合有关科研文献材料，获取所需利用的信息、知识、数据和观点的研究方法。论文通过检索、查找、复制等多种文献信息、收集途径和方法，对利益相关者理论、博弈论、工程项目风险管理等理论与应用现状进行研究，并在此基础上提出了本书的研究主题。

项目风险管理的对象是客观存在的事物，具有客观性、复杂性和多变性，需要大量的历史数据和经验数据。而每一个项目又有其独特性和唯一性，只有通过实际调查、问卷调查、面访等方式请教工程项目专业人士，才能得到最有说服力的研究结果。

（4）采用一般分析与特殊分析相结合、个案研究与共性研究相结合的方法。通过对个别工程项目案例分析与研究，来验证理论研究的可行性，并以此来弥补其研究过程中的不足。本书采用规范研究方法，从项目利益相关者角度出发，探讨各利益相关者与项目风险之间的关系，重新界定项目主体行为风险概念和分类原则；结合博弈理论方法分析项目主体的外部竞争行为风险；应用组织行为理论和复杂性自适应系统理论，揭示项目组织内部风险并建立响应机制。规范研究方法所形成理论和模型，只有通过实证研究才能得到检验和运用。本书通过实证研究方法，对具体项目主体行为风险进行评价，结合项目具体实践建立项目主体行为风险因素的指标体系。

三、技术路线

本书拟采取以下技术路线进行研究：

（1）进行国内外相关理论研究及实践进展分析；

（2）分析利益相关者与项目之间的关系；

（3）实证分析利益相关者与项目的关系，确定研究边界；

（4）提出研究问题，确定项目主体行为风险研究的内容框架；

（5）进行主体行为风险的识别和分析；

（6）理论分析项目主体行为风险的生成机理和运动规律；

（7）建立项目主体行为风险评价体系和评价方法研究；

（8）提出项目主体行为风险响应机制和风险管理策略；

（9）辅以项目案例论证研究。

本书的技术路线如图1-1所示。

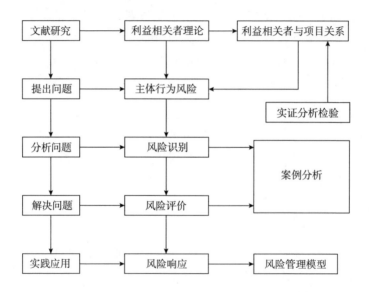

图1-1　本书的技术路线

第三节　相关领域国内外研究现状分析

　　工程项目风险管理是风险分析和工程项目管理理论相结合的一门学科。一方面，工程项目中各种不确定因素的变动对工程项目管理过程有重大影响，工程项目风险管理要结合工程项目风险的特点并与工程项目管理过程相适应；另一方面，工程项目风险是风险在工程项目中的特殊表现形式，工程项目风险管理是风险管理在工程项目管理领域的延伸，它要按照风险管理的一般原则进行管理。

工程项目风险管理研究是从分析工程项目风险起源入手，探讨降低工程项目风险、为工程项目提供安全保障、促使工程项目顺利进行的方法；工程项目风险管理的目的是寻找对工程项目风险进行有效管理的途径，以上都属于工程项目风险管理理论研究的范围。

工程项目风险管理研究是伴随着国际工程市场的形成和发展而产生的。20世纪50年代，随着西方社会战后重建，特别是西欧经济的复苏，在欧洲兴建了一大批大型宇航、水电、能源、交通项目，巨大的投资使项目管理者越来越重视成本管理，而复杂的工程项目又使项目本身面临极多的不确定因素，如何定量地事先预计不确定因素对工程项目的影响成为管理者的一大难题。为此，学者们先后开发、研究了各种项目风险评估技术。如早期的项目计划评审技术以及后来的敏感性分析和蒙特卡洛模拟技术等。

从出版的著作和发表的论文看，英国学者 J. R. Turner 所著的 *The Handbook of Project-based Management* 专门讨论了工程项目风险管理的问题。代表性期刊是由英国 Butterworth-Heinemann Ltd. 主办的 *International Journal of Project Management*，*Construction Management and Economics*，这些杂志经常刊登有关工程项目风险管理的文章。常刊登有关工程项目风险方面文章的杂志还有：英国的 *Building Research and Information*，*Project Appraisal*；美国的 *Journal of Risk and Uncertainty*，*Academy of Management Review*，*Risk Analysis*，*The Engineering Economist* 等，其他杂志如 *Insurance：Mathematics and Economics*，*Decision Sciences*，*Management Science*，*Econometrics* 等。

本书的参考文献主要来源于 Google 学术、EI Compendex Web、Emerald 回溯期刊数据库、Elsevier 全文期刊数据库、EBSCO 数据库、中国期刊全文数据库等。首先，查询相关文章时使用关键词如 Stakeholder、Project participants、Project risks、Construction Risks 等，部分文献是根据上述方法检索到的参考文献进一步查询的结果。其次，对大量的检索文献进行筛选、归类和舍弃，主要通过阅读关键词、文献摘要、文章目录以及主要结论的方式。最后，对筛选出的文献进行精读和消化吸收。

一、国外工程项目风险理论研究状况

1931 年，美国管理协会保险部首先提出风险管理概念，并开始研究风险管理和保险问题。

1932 年，成立纽约保险经纪人协会，由纽约几家大公司组织定期讨论风险管理的理论与实践问题，该协会的成立标志着风险管理学科的兴起。

1950 年，Mowbray 在《保险学》中较为详细地阐释了"风险管理"的定义。

1961 年，赫奇斯（J. Edward Hedges）发表论文，提出风险与保险学课程概念，解析了风险与保险之间的关系，为保险学领域的职业培训勾勒了框架。

1963 年，Mehr 和 Hedges 合著《企业的风险管理》（*Risk Management in Business Enterprise*）一书。

1964 年，威廉姆斯（Williams C. Arthur Jr.）和赫汉斯（Richard M. Heins）出版了《风险管理与保险》（*Risk Management and Insurance*）一书，引起欧美各国的普遍重视，标志着风险管理研究系统化、专业化的开始，风险管理逐渐成为企业管理中一门独立的学科。

1975 年，美国保险管理协会变更名称为风险与保险管理协会（The Risk Management Society，RIMS），同时出版发行了著名的期刊《风险管理》（*Risk Management*），标志着风险管理从先前的用"保险"处置风险转变到真正意义上的用风险管理方式来处理风险。

1983 年，Hertz 和 Thomas 指出，风险管理过程包括风险识别、风险计算、风险评价与再评价等环节，标志着风险管理的系统化。

同年，美国 RIMS 年会，各国专家学者讨论并一致通过《101 条风险管理准则》，这是风险管理走向实践化的一个重要文件，各国视其为一般性风险管理标准。继美国之后，其他发达国家，如英国、德国、日本等逐渐重视风险管理的思想，并在理论上和实践中取得了一些成绩，很大程度上推动了风险管理研究的进展。

1987 年，英国南安普顿大学 C. B. Chapman 提出了"风险工程"的概念，该模型集成了多种风险技术，克服了以往单一过程风险研究的缺陷。

1987 年，联合国出版风险研究报告 *The Promotion of Risk Management in Developing Countries*，推动了项目风险管理在发展中国家的普及运用。

1997 年，J. O. Irukwn 出版了 *Risk Management in Developing Country* 一书，该书系统地阐述了风险管理的基本理论，并结合发展中国家的国情进行了剖析和说明。

20 世纪 80 年代至 90 年代，主要是进行工程项目风险分析技术的研究，并初步产生了一些风险分析方法和风险管理体系，基本处于静态的项目管理思维层面。

自 20 世纪 90 年代以来，风险管理技术得到了广泛的发展和应用，同时面向过程的、动态的、系统的风险观念逐渐被引入风险管理中。

Harmes（1991）提出全面风险管理（Total Risk Management）的概念。全面风险管理认为，任何风险管理过程从立项到完成都要经过识别研究与控制、过程控制，以及风险评估。风险管理包含风险偏好和风险估价的因素，应该综合价格、偏好和概率进行动态综合分析，实现风险全面管控。全面风险管理的提出是风险管理理念的一次革命。

1992 年，Yates 和 Stone 提出风险结构三要素模型。风险是由三个基本因素构成，即损失的可能性、损失的程度及损失发生的不确定性。这个定义基本上覆盖了风险定义的内涵。

1994 年，Riggs Jeffery 等提出了风险集成管理的思想。随后不少专家围绕风险集成管理的思想提出了一些风险集成管理技术，主要集中在基于系统风险的过程集成、基于风险分析技术的集成及基于项目全寿命周期目标（费用、工期和质量）的风险管理集成。

1996 年，Jaafari 提出了实时计划的思想，联系计算机系统得到新的计划编制方法，利用软件帮助项目团队更好地理解和把握项目风险和不确定性。Pate Cornell 等提出应用系统动力学描述风险管理过程，能够帮助管控系统实时风险。T. M. Williams 利用系统动力学分析过程，模拟了项目风险系统因素之间的关联机制，并且量化各种系统风险因素相互作用的影响。Tah J. H. M. 等（2001）提出建立风险管理知识库，通过这种知识集成的方法支持风险管理过程。

1997 年，英国政府提出 PPP（Public-Private Partnership）项目模式，即政府和社会资本合作模式。此后，世界各大洲 60 多个国家相继推行 PPP 模式，引发了学术界对 PPP 模式的研究热潮。Ameyaw 和 Chan（2013）、Xu 等（2010）、Svensson 和 Hoffman（2011）等学者分别从 PPP 项目风险识别、项目风险评价、项目多方风险分担等方面展开研究。

2004 年，美国反虚假财务报告委员会下属的发起人委员会（COSO）正式颁布了《企业风险管理整合框架》（COSO-ERM）。

2005 年，国际风险管理机构 IRGC 发表《风险治理白皮书：面向一体化的解决方案》（*White Paper on Risk Governance：Towards an Integrative Approach*），提供

了一个关于风险管理的综合分析框架。COSO 风险管理整合框架下的风险管理概念、内容、框架构成了现代全面风险管理理论的核心。

2009 年，国际标准化组织（ISO）的风险管理标准（ISO FDIS31000）出台。

2014 年，Lehtiranta L. 提出单纯的风险转移并不能消除风险，研究风险的共同分担比风险转移更有意义，未来风险管理研究可以从多主体视角出发，研究项目联盟、项目伙伴关系以及项目综合交付等模式下的风险管理。

二、国内风险理论研究状况

我国的工程项目风险管理研究起步较晚。20 世纪 80 年代初引进项目管理理论与方法时，仅翻译引进了同项目管理有关的基本理论、技术方法与流程，没有同步引入项目风险管理的知识。主要原因是当时人们几乎没有风险意识，不懂得使用风险管理方法可以减少和转移项目风险，还有部分原因是国家是投资项目的单一主体，没有专门增列项目风险管理成本。

20 世纪 80 年代初，台湾宋明哲教授的《风险管理》和段开龄的《风险管理文集》以及清华大学郭仲伟的《风险分析与决策》等书籍的出版，标志着我国风险研究的开始。在实践方面，风险管理的思想主要体现在采矿工程、设备维护以及机器仪表的可靠性分析等范围。

20 世纪 80 年代中期以来，随着我国经济的不断发展，世界上各种风险管理的理论与书籍被介绍到我国，同时也被应用到项目管理中，尤其是大型土木工程项目，如天津大学等单位成功地为三峡水利枢纽工程完成了风险分析研究，研究成果《三峡工程经济风险及对策研究》受到当时国家科学技术委员会的奖励。此外，上海地铁工程项目、大亚湾核电站、广州地铁工程项目直接采用了国际惯例的风险管理方法，为我国的项目风险管理提供了宝贵经验。

20 世纪 90 年代，我国风险理论的研究和应用在多个领域稳步发展。风险管理技术在金融工程、水利工程、房地产开发及证券期货分析等领域得到广泛的应用。

1992 年，任宏等首次提出工程项目风险生命周期的概念；1996 年雷胜强《国际工程风险管理与保险》一书出版，1998 年卢有杰的《项目风险管理》一书出版，促进了国内对项目风险管理的关注。

1993 年，国家自然科学基金首次资助重大工程项目风险管理研究课题。该研究系统提出了项目风险的管理理论体系；列举了项目风险管理的预测研究、分类识别、风险评估与应对措施。

1999 年，于九如主编的《投资项目风险分析》，系统阐述了三峡工程等大型工程的风险理论的分析与应用。

2002 年，杨乃定等在《企业集成风险管理——企业风险管理发展新方向》一文中指出，企业集成风险管理是企业风险管理发展的新方向，并且给出了我国企业集成风险管理研究框架。

2008 年，张维功等回顾了风险管理的发展过程，对相关理论和实践进行了归纳总结与评述，对企业全面风险管理未来研究提出了展望。

随着工程项目管理实践的不断深入，风险管理的一些传统方法不断改善和完善，同时一些创新方法也逐步开始应用于风险管理。比如：随机网络技术、应急预案评审技术、模糊分析、神经网络技术、影响图方法、综合集成方法、风险链管理动态分析方法、系统动力学等。

三、利益相关者理论在项目管理中的应用研究

1984 年，弗里曼里程碑式的著作《战略性管理—— 一种利益相关者研究方法》出版，弗里曼将利益相关者定义为"任何能够影响组织目标实现或被组织目标实现过程所影响的团体或个人"。书中所强调的是构建一种战略管理方法，系统地将外界环境因素纳入组织考虑之中，这种新的管理框架的提出引起了利益相关者概念的探讨，将利益相关者理论引入战略管理研究。世界银行、亚洲发展银行等国际机构、发展组织对其贷款项目在评价指南中明确规定，项目在决策阶段必须进行项目利益相关者利益分析，并制定了具体的利益相关者分析指导原则。

随着社会的发展和项目利益相关者对项目管理要求的增强，项目目标从实现"三大控制"转变为让利益相关者满意，项目与其利益相关者关系的有效管理成为项目成功的关键。20 世纪 90 年代初期，弗里曼（Freeman）、布莱尔（Blair）、多纳德逊（Donaldson）、米切尔（Mitchell）、克拉克森（Clarkson）等学者的共同努力使利益相关者管理理论开始逐渐引人关注，形成了较为完善的理论框架，并在实际应用中取得了丰硕的成果。但关于利益相关者管理原则和程序的研究还处于概念的开始阶段。

自 1984 年弗里曼提出利益相关者战略管理框架以来，100 多篇关于利益相关者的理论文章发表在国际刊物上。利益相关者理论的应用领域不断扩大，相关学

说频繁出现在主流媒体上，而不仅局限于学术讨论。

Jones（1995）对各种利益相关者学说进行了汇总分类，大致分为三个类型：①描述性研究，主要阐述过程和内容；②工具性研究，主要阐述利益相关者管理的工具和方法；③规范性研究，主要告诉人们应该做什么。这种利益相关者理论的分类方法被广泛接受。Jones 的著作提供了一个利益相关者管理方面的工具理论——基于综合集成了利益相关者概念、经济理论、行为科学和伦理学。核心能力理论认为，理论原则的一个子集（如信任、合作等）就可以形成显著的竞争优势。作者旨在提升利益相关者理论作为商业和社会领域整合主题的地位。

Sauer（1993）、Meredith 和 Mantel（1996）、Jiang J. J. 等（2000）、Lemon 等（2002）探讨了利益相关者与项目成败之间的关系，表明利益相关者的支持或反对是项目成功与否的关键性因素。Pinto 和 Prescott（1990）及 Thomas、Delisle 和 Jugdev（2002）认为，项目经理对项目利益相关者的期望进行前瞻性的管理是项目获得成功不可缺少的关键要素。项目管理作为一种商业能力正在被许多组织所接受。一方面，作者注意到在几乎每个行业的每一个部分中使用项目管理元素的兴趣与日俱增。另一方面，项目管理方面的长期投资对于管理层仍然是一个棘手的问题。了解到缺乏高级管理层的支持一直被认为是项目失败的关键因素，这种脱节越来越引起从业者的关注。Briner 等（1996）提出，在评价项目环境影响因素时，要关注利益相关者的反馈以及项目参与者的学习和反馈情况；尤其是要关注利益相关者之间及其与社会、环境之间的不平等博弈，挖掘不平等博弈的深层次归因，实现工程项目利益相关者之间及其与社会环境之间的和谐发展。

Vinten（2000）认为，利益相关者管理的技能应是工程项目经理必须具备的一项关键技能。成功的项目经理要做到能够满足项目生命周期中各阶段利益相关者的需求，包括客户、业主、设计、分包人、承包人、供应商、用户、项目经理、雇员及当地社区等。相反地，无数工程项目失败的根源就在于对项目利益相关者的期望管理不成功，因为利益相关者掌握的项目资源和权力足以使项目夭折。因此，关于如何识别和管理利益相关者的利益关系研究已经较为成熟。实践中，工程项目管理对于内部利益相关者的关系管理较为重视，对外部利益相关者的管理还有待进一步深入研究。

关于项目利益相关者有效管理的研究，Savage 等（1991）、Mitchell 和 Agle（1997）等研究了利益相关者的分类和评价方法，认为企业所有的利益相关者必须具备以下三个属性中至少一个：合法性、权利性及迫切性，同时提出了相关的管理策略。

Briner（1996）等、Cleland 等（2002）提出了社会网络理论，这一概念为如何在项目的社会关系网络中有计划地进行目标沟通提供了途径。

Packendorff（1995）、Turner 和 Muller（2003）把项目视作一种临时性组织，像正规组织一样有自己的目标、结构、群体团队、权力网络及文化。项目经理必须懂得项目组织的文化理念并且应该培养适合项目自身的文化氛围。当然，项目文化同一般意义上的组织文化之间存在这样或那样的差异性。

Pinto（1998）、Gadekan（2002）实证分析了项目经理对项目外部潜在利益相关者的影响，指出项目经理应该保持与潜在利益相关者的关系，用个人权力去影响他们从而弥补正式权力影响的不足。要建立和维持与所有利益相关者的关系并获得其支持与承诺，保持有效沟通是必不可少的；项目成功与沟通的强度密切相关，并且这种沟通是定期的、有计划的、特定的、富有成效的。Boddy 和 Buchanan（1999）认为缺少有效沟通，就难以发现与项目利益相关者有关的风险因素存在的危险信号。这种信号可能是不经协商的干预项目、拒绝提供支持、敷衍了事的沟通、毫无根据的承诺等。

2003 年，在美国国家科学基金（National Science Foundation，United States，NSF）的赞助下，Cooper L. P.（2003）从利益相关者的角度对项目风险进行评估，以火星探测器发射项目为例提出了不同利益相关者对项目成功的定义是有差异的。

项目经理如何才能胜任项目利益相关者之间的关系管理？Pinto（2000）、Sweetman（2001）、Turner（1999）从不同角度进行了研究。研究表明项目经理必须具备以下能力：高效驾驭项目组织的权力构架，建立组织信任关系、行为遵守道德规范、风险预先管理。Lynda（2006）进一步提出了一个三维的项目管理综合模型：管理技能、团队管理和领导艺术、智慧（个体的意愿和能力）。随着"不确定性、风险、伦理、授权、可持续性"等概念的提出和被认可，利益相关者的概念和内容也随之不断演进和深化。

Olander 和 Landin（2005）比较研究了利益相关者因素对于两个工程项目在实施阶段的不同影响，探讨了外部利益相关者政府官僚机构的积极作用和消极作用。同样前提条件下的两个项目由于利益相关者管理过程不同，产生了两种截然不同的结果。结论认为，项目管理者做好利益相关者的管理工作将有助于增加项目的整体绩效，关键是要发挥利益相关者积极影响力的作用。

Chapman 和 Ward（2008）总结了各种利益相关者引起的项目不确定性和应对方法，提出了项目不确定性集成管理框架——SHAMPU（Shape，Harness and Manage Project Uncertinty）。运用综合管理框架，可以把各种利益相关者的不确定性以及治理对策集成到一个综合计划过程中，强调把项目战略目标转化为具有操作性的具体实施计划。进一步需要考虑的是，在不同项目周期阶段利益相关者的影响力程度各不相同。因而得出结论：系统的利益相关者治理方法应该保证既要考虑到不确定性管理的结构化处理方法的运用，还要考虑到过程中不同项目生命周期阶段的特点。

Chinyio 和 Akintoye（2008）访谈了不同的项目组织，从组织因素的角度探讨利益相关者的参与管理，寻找满足利益相关者期望的策略，即使是当利益相关者的期望与影响力有所冲突的情况。这都需要组织能够在项目不同时点上全面了解利益相关者的利益和权力，并且相应地做出反应。建议开发一些经过反复实践验证的技术，比如沟通、协商、权衡、激励和让步策略等。没有哪一种单独的方法会比其他方法更加优越，这依赖于方法应用的效果。

Rowlinson 和 Cheung（2008）通过比较研究澳大利亚和中国香港的项目利益相关者互动关系管理过程，把利益相关者、关系管理和可持续性因素纳入一个研究框架。在此基础上，他们提出了一个利益相关者管理的紧急模型，通过模型识别出项目情境因素、专业人员的认知、授权以及关系管理方法作为项目成功与否的决定性变量。

Moodley 等（2008）从道德伦理、社会契约以及公司责任角度等方面研究项目中利益相关者面临的道德伦理关系的重要性。提出一个利益相关者道德伦理责任矩阵模型作为项目管理工具，认为更多项目情境下，项目的商业抉择事实上就是一种道德抉择。该模型提供了一种工程项目决策中考虑道德伦理维度的管理方法。

Chapman 和 Ward（2008）研究了契约订立方式与风险不确定性管理之间的关系，运用激励和风险分担的平衡框架（Balanced Incentive and Risk Sharing，BI-ARS），考虑不同风险情境下项目合同方式的选择，包括固定价格合同、D&B 合同、DBFO 模式等。在选择过程中，一个重要的应用工具是累积概率分布，它描述了所有可能的风险和不确定性因素的总体分布。最后得出结论：合同选择及风险管理方法其他因素的全面集成才是最有效和最实用的项目风险和不确定性管理手段。

在国内，利益相关者理论侧重于企业治理方面的研究，对于从利益相关者视角分析投资项目的风险和不确定性尚处于起步阶段。在国内将利益相关者理论应用于投资项目风险分析的，多数为国内重大工程项目如前期准备中的南水北调工程等和国内学者从事世界银行贷款项目、亚洲开发银行贷款项目社会评价研究。2001 年底，国家计划委员会正式向全国发文，推荐使用的《投资项目可行性研究指南》中的社会评价部分提出了投资项目利益相关者分析。投资项目利益相关者的诉求分析对于理解具体项目的战略目标和运营机制至关重要，投资项目利益相关者分析是项目初期可行性研究阶段进行社会性风险评价的重要方法。项目利益相关者分析可以用于投资项目的整个周期当中，也可以运用到项目整个生命周期的各个进度时点。

四、工程项目主体行为风险的研究现状

项目管理研究在 40 多年的发展历程中，存在两个主要理论体系。一是以工程科学为基础，运用数学方法研究项目规划方法和技术工具等；二是以社会科学为主，包括心理学、组织行为学、哲学等。一直以来，人们把研究重心放在项目本身，开发了大量的应用工具，如甘特图、网络线路等。项目管理被视为一种工具或者模型技术，缺乏理论基础和基本概念，并且更多的是把项目看成一个相对分解的过程来研究，难以解释项目内在的系统性特征。作为项目管理知识体系的核心部分，项目风险管理研究深受上述现象的影响。人们更多的是研究项目的外部环境、工程技术等硬性风险，而忽视了对项目组织、项目主体行为等因素引起的软性风险的分析和预防。

Gaddis（1959）最先把项目管理视为一种行为艺术，是有智慧的人们运用项目管理工具对项目对象进行高效率的运营管控，从而达成项目目标，实现企业的总体愿景。人员是项目管理的核心，而不是甘特图和网络线路图等项目管理工具。项目失败不是因为项目经理没有勾勒关键路线图或是不能驾驭项目管理软件。恰恰相反，许多重大项目的失误是因为人的关键因素出了问题，进而导致项目风险的发生。

Miles（1964）把项目看作一个"临时性组织"来研究，受此启发的还有Bennis 等（1968）、Goodman 等（1972）。临时形式的合作和工作群体已经变得越来越普遍。一般认为项目、计划和临时团队能够激发创新，进而促进组织变革和实现新的、独特的目标，这需要大量不同类型的伙伴的合作。自 2000 年以来，

越来越多的研究文献明确指出，传统项目管理研究不应局限在项目本身，而应基于利益相关者的角度。

Pinto 和 Prescott（1990）提出项目管理的关键因子：目标、高层支持、清晰计划、客户关系沟通。在项目管理研究中，一个公认的公理是，通过管理控制项目的各种关键成功因素，可以极大地促进整体项目的实施过程。关键因子通常分为两个显著不同的子集：与初始项目规划有关的子集和与后续战术运作有关的子集。实证研究表明，在项目生命周期的四个阶段中，项目规划和战术因素的重要性是随之变化的。样本包括参与项目的 408 名管理人员，研究发现，规划和战术因素的相对重要性在整个项目生命周期中各不相同。此外，这些因素的重要性取决于所采用的成功衡量标准的类型。当使用效率成功度量时，计划因素最初被认为是非常重要的，但随着项目在其生命周期中的进展，计划因素被战术问题所取代。当使用外部的成功度量标准时，如客户感知价值和客户满意度等指标，则项目计划因素在整个生命周期过程中都占据重要的支配地位。

Baker 等（1983）是最早从行为和组织角度研究项目管理的学者之一。但正如 Turner（1999）所指出的，这些领域的研究远不如传统的项目管理研究普及，如 "铁三角"（iron triangle）模型等。Alotaibi 和 Mafimisebi（2016）对最近的学术研究文献进行了回顾，以回答 21 世纪全球实践中项目管理面临哪些挑战。他们评估认定了哪些项目管理实践对于现代组织、公司和社区是有真正价值的，并确定了哪些因素为项目成功提供了最大机会。研究结果表明，坚持使用项目管理方法和标准来帮助项目管理团队达成更好的项目成果是最重要的因素。这些方法论和标准非常注重在项目开始之前就明确地界定项目，例如：项目章程文件涵盖项目约束性条件、范围、工期、预算、绩效标准、备选方案分析、风险管理、组织管理以及内外部利益相关者等方面的内容，同样上述因素也是项目成功的关键因素。研究结果还表明，采用项目管理方法涉及价值的创造以及与利益相关者的关系建立，通过衡量进展和跟踪项目任务将有助于消除那些浪费在不相干项目任务上的时间和精力。此外，管理临时的项目资源也被认为是项目成功的关键。这项工作有力地支持了项目管理方法和标准在组织战略层面的应用，有助于为企业成功运营项目建立一个友好的营商环境。

国外部分学者主要研究工程项目的人为风险因素以及项目相关者的风险偏好、态度和行为模式。Thevendran 等（2004）研究了人为因素对项目的重要影响。Au 和 Chan（2005）探讨了项目主体的风险行为模式，研究表明项目主体的风险态度与其行为模式具有高度相关性。Verma 等（2005）基于委托—代理模型提出了动态项目管理思想，该方法考虑了项目主体的行为变化，可以解决项目主体之间的信息不对称问题。Muller 等（2005）分析了委托—代理关系和合同类型对项目业主与项目经理之间沟通的影响，通过实证研究表明项目业主与项目经理之间的沟通与合同所约定的相背离，这被认为是项目的潜在风险因素。这一研究运用委托—代理理论分析了项目主体之间的行为关系，从而为项目管理理论做出了贡献。此外，还有学者从沟通、信任、伙伴关系的维度去探讨主体行为和项目之间的关系。

国内学者杨君宝（2003）首次提出项目主体行为风险的概念。任玉珑等（2004）分析了工程项目参与主体行为，从信息经济学角度剖析了主体之间委托—代理关系及其存在的问题，建立了利于实现项目目标的激励模型。向鹏成（2005）基于信息不对称理论对工程项目主体风险进行了初步分析和评价。

五、研究述评

从国内外研究现状来看，项目主体风险研究与传统项目风险研究相比尚处于起步阶段：

（1）长期以来，人们一直比较关注项目客观事件风险研究，计算风险发生的概率和可能造成的损失程度，但对于项目主体行为风险的研究始终处于薄弱环节。

（2）项目主体风险属于基本风险，存在于主体行为之中，风险结果直接影响整个项目利益相关者群体，但现状是只有4%的项目管理者正式考虑主体行为风险并加以响应。

（3）工程主体行为风险已经成为复杂工程项目失败的主要因素。David I. Cleland 指出，导致工程项目失败的 19 个原因之中有 9 个属于由项目主体行为不当造成的，如项目经理能力与项目不匹配、与项目利益相关者沟通力度不够等。

（4）传统项目管理假设计划是完善的，客户需求是不变的，计划和设计是固定的，项目目标、组织和人员都是稳定的。但现代风险管理更多面对的是不可预见性和变动性，只有项目主体是最灵活的风险管理决策者。

（5）工程项目主体行为风险的指标体系尚未完善，风险因素的运动机理尚未研究。工程项目主体的作用、职能、角色本质尚需深入探讨。

（6）项目主体风险的分配研究仅停留在基本原则的层面，并没有考虑到利益相关者的风险倾向和行为动机对风险分担的影响。

（7）行为问题已经开始受到人们的关注。"铁三角"（iron triangle）模型创立人 Martin Barnes（2003）认为，工程项目管理革命将会出现在行为管理问题方面。Patrick Weaver 研究指出，未来项目管理关键是培养管理者激发、指导和带领团队获取项目成功的技能。为此，管理者要善于识别利益相关者的期望，运用诸如"Stakeholder Circle"的工具找出关键的利益相关者，从试图使用各种数量工具控制项目转向沟通并影响利益相关者。

项目主体应该从项目利益相关者的需求角度出发，有效处理各种项目关系，应对项目寿命周期的各种不确定性，运用各种管理工具和技能，保障项目顺利运行。因此，基于利益相关者视角的工程项目主体行为风险研究不仅具有理论意义，更具有现实意义。

第四节 本章小结

本章首先介绍了选题背景，通过对相关研究领域的理论回顾，提出了工程项目风险理论研究在项目主体行为风险方面存在明显不足。传统的工程项目风险管理研究主要针对项目本身，专注于客观事件风险分析，忽视了对项目主体行为风险的研究，具有一定的局限性。事实上，工程项目风险管理研究的焦点应该是工程项目参与主体和各种利益相关者，更多风险的发生根源来自人为因素。考虑到工程项目风险的可管理性，提出应该从注重客观风险因素研究转向基于利益相关者角度研究项目主体行为风险，如此更有助于从本质上认识工程项目风险，从而从根本上降低风险的发生概率，提高工程项目的成功率。最后给出本书的研究方法、技术路径和主要研究内容。

第二章 利益相关者属性识别与研究边界确定

利益相关者通常是指与产品、客户或项目有特定利益关系的个人或组织群体，可能是来自企业或项目系统内部的成员或群体，也可能是来自企业或项目系统外部的成员或群体。在大多数情况下，利益相关者可以是所有者和股东、银行和其他债权人、供应商、购买者和顾客、广告商、管理人员、雇员、工会、竞争对手、地方及国家政府、媒体、公众利益群体、政党和宗教群体以及军队等。识别利益相关者的构成及其基本属性，掌握利益相关者与项目的关系和价值取向，制定相应的沟通策略，有助于推进项目的进程。

第一节 工程项目利益相关者界定

"利益相关者"（stakeholder）一词最早出现在《牛津词典》中，该词条收于1708 年，用以表示人们在某种活动或企业中"下注"（have a stake），在活动结果或者企业运营结果中抽头或赔本。1959 年，Penrose 在《企业成长理论》一书中提出"企业是人力资产和人际关系之集合"的观念，奠定了利益相关者理论知识基础（Pitelis 等，1998）。20 世纪 60 年代，斯坦福研究院（SRI）定义"利益相关者"为："是这样一个团体，如果没有他们的支持，企业就无法生存。"（Freeman and Reed，1983）正式告诫人们不能仅考虑股东利益，还应该满足许多与公司相关人群的利益需求。20 世纪 70 年代，宾夕法尼亚沃顿商学院开设"相关者管理"课程，引入"利益相关者的概念"，主要用于分析企业战略管理。

一、利益相关者理论综述

1984 年，弗里曼里程碑式的著作《战略管理：利益相关者方法》把利益相关者定义为："能够影响组织目标实现或者被组织目标实现过程所影响的人或团体。"书中强调鉴于利益相关者对组织永续经营的重要作用，应该构建一种管理模式，全面纳入组织外部环境因素，从而将利益相关者理论引入组织的战略管理研究。

1990 年，美国《宾夕法尼亚州 1310 法案》通过，允许企业管理层在反兼并问题上更多地考虑企业利益相关人的利益要求。其中主要的 5 款规定：信托责任、控股、股权转让、解雇员工赔偿、劳动合同，旨在抵制恶意收购，保障企业有关利益群体。这项法案对于传统公司治理的"股东利益至上"观念打击沉重，也加速了利益相关者理论研究的步伐。

20 世纪 90 年代，Freeman、Blair、Donaldson、Mitchell、Clarkson 等学者共同努力，初步形成利益相关者理论研究框架，在实践应用中取得丰硕成果。加拿大学者 Clarkson（1995）提出"利益相关者构成了企业大系统""企业的经营目的应该是为所有与企业利益相关的人群创造价值和财富"。他提出了关于利益相关者管理的"克拉松原则"，即积极思考所有合法利益相关者的期望并且融入企业决策和行动中；倾听并与其沟通，了解利益相关者的需求、贡献以及与企业相关的潜在风险；采取行之有效的行为模式；确认利益相关者的付出与回报的相互依赖关系；与别人合作以最大限度地降低风险等。

美国学者 Blair、Margaret M. 在著作 *Ownership and Control：Rethinking Corporate Governance for the Twenty-first Century* 中从思想史、法律、制度的角度探讨了美国公司在治理、绩效和竞争力的内在联系。布莱尔指出，仅仅将股东视为公司的所有者是误导，公司经理应对公司的长远发展和全部利益相关者负责。根据公司的经营状况，公司的所有者还可能包括债权人、工人和基层管理者。相互依赖关系中的任何一方利益都得不到有效保障，还可能产生公司经营失败的风险，甚至发生相关社会问题。

Donaldson T. 和 Preston 在 *The Stakeholder Theory of the Corporation：Concepts, Evidence and Implications* 一文中指出，利益相关者理论以其描述的准确性、工具的力量性和规范的有效性在管理文献中得到了发展和验证。理论的三种属性具有相互关联，同时又表现出截然不同的特征。通过考察和评判理论的三方面属性，认为利益相关者理论的三个方面是相互支持的，其理论规范性基础包括现代产权理论，意义是重大的。

二、利益相关者概念界定

关于什么是利益相关者的问题一直以来没有定论。但是，如果连"什么是利益相关者"的问题都搞不清楚，那么其理论深入研究便成了无源之水、无本之木。弗里曼的定义比较宽泛，"能够影响组织目标实现或者被组织目标实现过程所影响的人或团体"，容易导致研究目标的无所适从。迄今为止，文献研究定义的各种利益相关者涵盖股东、管理者、员工、金融机构、政府机构、教育机构、新闻媒体、政治团体、利益团体、宗教团体、工会、行业协会、竞争对手、供应商、投资者、分销商、顾客、非人物种、社会公众、合作者、人类下一代、环境保护组织、社区、自然环境等。

从广义角度理解与企业利益相互关联的事物都是利益相关者，对于认识利益相关者重要性是可以的，但是从学术角度，还应该引入某些属性对概念加以窄化，使这一概念在特定时期和特定的环境下能够被捕捉。

Mitchell 和 Agle（1997）详细研究了 1963~1995 年有关利益相关者理论的研究文献，总结出 27 种定义，这里仅列出其中具有代表性的定义（见表 2-1）。

表 2-1　利益相关者定义

提出者	定义
斯坦福大学（1963）	利益相关者是一些团体，离开其支持，组织不可能生存
Rhenman（1964）	利益相关者依赖企业实现其个人价值，企业依赖他们维持生存
Freeman（1984）	能够影响组织目标实现或者被组织目标实现过程所影响的人或团体
Cornell（1987）	那些与企业有契约关系的人们（Claimants）
Alkhalaji（1989）	利益相关者是那些企业须对其负责任的人群
Savage（1991）	那些有能力影响组织活动，并且也从组织活动中获益的人
Hill 和 Jones（1992）	对企业有合法性要求的人们，他们向企业提供关键性资源，期望获取个人利益目标的实现
Langtry（1994）	企业对他们的福利承担重要责任，利益相关者对企业有道德或法律方面的要求权利
Clarkson（1994）	利益相关者在企业中投入一定形式的实物、人力资本或资金，并由此承担某种风险，或因企业活动而承担风险
Clarkson（1995）	是对企业及其经营活动拥有所有权、索取权或者利益要求的人们

提出者	定义
Donaldson（1995）	那些与公司有限性或隐性契约关系的人们，当公司行为或不作为可能给其带来实际或潜在的利害影响
Mitchell（1997）	对公司有合法性和紧迫性的要求，或者有权力足以影响公司
Frederic（1998）	社会群落中每一个与公司有利害关系的人
Gibson（2000）	与组织有互动关系或是有相互依赖关系的人们，以及任何影响或者被影响公司行为、政策、决策的人们
Hendry（2001）	合乎道德规范的参与者，其关系不仅仅是契约或经济关系，还包括相互依赖的社会关系等
Reed（2002）	存在基本的利害关系，可能是假想的经济机会，或是真实的利益，或者是政治上的平等性
Phillips（2003）	规范性利益相关者是指其利益同公司运营直接关联；派生性利益相关者是指其对组织或规范性利益相关者具有潜在的影响
Newcombe（2003）	项目利益相关者是那些拥有项目利益或是预期利益，包括用户、投资人、承包人、分包商、供应方、管理团队、设计方、社区等
Bourne（2005）	拥有实在的项目利益或是某方面的权益，能够对项目提供支持或是知识技能方面的贡献，影响项目或是受其影响

资料来源：Mitchell A. K.，et al. Toward a Theory of Stakeholder Identification and Salience：Defining the Principle of Who and What Really Counts［J］. Academy of Management Review，1997，22（4）：853-886.（1997 年后的定义是由笔者添加整理的）

之后，也有一些学者从自己的专业角度或者研究目的考虑，对利益相关者做出不同的定义。Nutt（1992）认为，利益相关者是能够影响组织战略或者被组织战略所影响的人；Bryson（1995）认为，这样一些个体或者群体，其对组织的注意力、资源、产出拥有索取权，并且也深受组织的产出结果影响；PMI（2004）定义为个人或者组织，他们积极参与项目，或者其利益可能会受到项目实施结果积极或者消极的影响作用；Eden 和 Ackermann（1998）提出，个体或小群体，拥有能力去响应、磋商或者改变组织的战略未来；Johnson 和 Scholes（2002）认为，那些个体或群体，他们依靠组织实现个人的目标，相应地，组织也依靠他们；这些定义并没有真正超出前述的定义范围。

这些概念定义普遍具有两个共同点：一是指组织与利益相关者之间的影响关系；二是对利益相关者进行一定程度的识别和限定。

参照 Clarkson（1995）的定义，本书把工程项目利益相关者定义为对工程项目投入一定专用性资产，能够影响项目过程并且其利益受到项目影响的个人或组织。专用性资产可以理解为人力资源的投入、资金投入或者实物资本的投入。有些貌似相关的事物比如自然环境就可以排除，因为没有投入专用性资本。"能够影响项目"表示利益相关者的权力或者地位对项目的顺利运营具有不同程度的影响力，"其利益受到项目影响"表示利益相关者的利益受到项目的正面或者负面的影响，利益相关者需要承担一定程度的项目风险。投入资本专用性程度越大；利益相关者退出风险就越大，反之亦然。同时，这个概念体现了利益相关者与工程项目之间的双向互动和需求关系，这种互动关系无疑是项目管理者必须面对且深刻了解的，并且把这种理念融入项目管理实践中。

三、项目利益相关者筛选

本书通过参考相关文献并结合项目实践经验，初步罗列了 20 种与项目有一定关联的利益相关者，包括项目业主、承包商、监理公司、分包商、媒体、竞争对手、设备材料供应商、社区、本国政府、外国政府、社会团体、教育机构、项目管理团队、员工、投资者、社会公众、宗教组织、外围合作者、自然环境、金融机构。以上概念分别定义如下：

项目业主：业主是指工程建设项目的投资人或投资人专门为工程建设项目设立的独立法人。业主还是工程成本和监理费用的支付方，是建筑产品的最终需求和使用者。业主是项目风险的主要承担者，也是项目失败的结果承受人。业主可能是项目发起人，也可能是发起人与其他投资主体合资成立的项目法人公司；在项目的保修期间，业主还可能被业主委员会（项目产权的买家组成）所取代。

承包商：就是建筑项目承包人，是指在项目协议中约定，其投标书被项目发包人接受的具有特定项目施工主体资质的当事人。从项目外部利益相关者的角度来看，承包商就是项目工程的"脸面"，因为工程项目施工阶段是看得见的。

监理公司：是指具有法人资格，取得建设部颁发的监理单位资质证书，主要从事工程建设监理工作的组织机构。监理应是独立的第三方，与承包施工单位以及材料供应商不能有隶属关系和其他利害关系，职责是依据客观事实，提出有关工程项目的建议和解决方案。

分包商：分包商是项目总承包商的合作者，是指总承包方出于资金、技术条件限制或者分担风险的考虑，把承包的工程项目分解成一定单位交给分包商施工。但是，分包必须经业主单位认可，除非总承包合约中有允许分包规定。

媒体：传播信息的中间平台如电视、互联网、报纸等。严格来说，媒体不是真正意义上的利益相关者，因为没有对项目投入任何资本。但是媒体无论作为项目的支持者还是反对者，其影响力都是巨大的，对工程项目的决策过程有很强的导向作用。媒体还是一部分利益相关者用于施加影响于其他利益相关者的媒介工具，比如利益团体借助媒体的力量给民意代表施加压力，从而左右项目决策者的决策过程。

竞争对手：建筑工程市场上的同行，如某工程项目招标过程中的竞标对手。

设备材料供应商：建筑市场上与工程项目相关的建筑设备、建筑材料的供应方。

社区：通常是指以一定地理区域为基础的居住人群，其成员彼此相互依赖竞争，成员遵循共同的社会规范，彼此互动创造一定的社会价值。

本国政府：是指项目所在国中央政府及下属各级行政机构。相关机构的审批权限和办事效率可能影响工程项目的成本和工期。政治需要也会实质性地影响工程项目决策。

外国政府：是指国际工程项目涉及的外国权力机关及其权力的总和。

社会团体：是由公民个体或非行政机关单位自愿组成、为实现会员共同愿景，按一定章程开展活动的社会组织，包括专业性社团、行业性社团、学术性社团等。具体的工程项目可能会给部分团体带来机会，同时也可能给另一部分利益团体带来固有利益的损失。

教育机构：是指为建筑行业提供和培训人才的大中专院校，包括进行项目相关资质培训和认证的机构。

项目管理团队：是指肩负共同的项目管理使命、按照业主的预先指令和具体要求实施、为了保障项目高效运营而建立起来的管理组织，由项目经理及其团队成员组成。

员工：一般是指完成具体工作指令的公司普通雇员。

投资者：是指投入资金购买企业的某种资产以期获利的自然人和法人，包括股东、债权人和其他投资者。

社会公众：这里专指参与社会活动的民众群体。公众的概念范围很广，一部分公众可能受益于某个项目，另一部分公众的利益可能受到损害，有时候需要细分区别对待，例如某高铁项目的附近居民和其他民众。

宗教组织：有共同信仰的人组成的团体，是人类思想文化和社会形态的重要组成部分。

外围合作者：是指与项目相关的互惠合作机构，如咨询管理公司、科研机构。

自然环境：自然环境是围绕人们周围的各种自然因素总和，如大气、土壤、水、植物、动物、岩石矿物、太阳辐射等，是人类赖以生存的物质基础。

金融机构：是指专门从事货币信贷活动的中间组织，包括银行、非银行金融机构、证券公司等。

本书采用专家打分法，根据初步筛选出的 20 种利益相关者清单以及前述有关定义，咨询了 30 位建筑行业资历较深的工程专家以及管理学专家。各位专家根据调研目的和相关概念的理解，选出心目中与工程项目最为利益相关的利益相关者，选择数量不受限制（工程项目利益相关者范围筛选专家评分表见附录 1）。工程项目利益相关者筛选专家评分情况如表 2-2 所示。

表 2-2　工程项目利益相关者筛选专家评分情况

利益相关者	入选个数（个）	比率（%）	利益相关者	入选个数（个）	比率（%）
项目业主	30	100.00	金融机构	23	76.67
承包商	30	100.00	社区	22	73.34
项目管理团队	30	100.00	社会团体	18	60.00
员工	30	100.00	社会公众	16	53.34
投资者	30	100.00	媒体	15	50.00
监理公司	28	93.34	外围合作者	12	40.00
分包商	25	83.34	教育机构	4	13.33
设备材料供应商	25	83.34	外国政府	3	10.00
本国政府	24	80.00	宗教组织	1	3.34
竞争对手	23	76.67	自然环境	0	0

资料来源：本书课题组收集整理。

从表 2-2 中可以看出，专家一致认同项目业主、承包商、项目管理团队、员工、投资者作为工程项目利益相关者，对于自然环境变量作出排除。对于竞争者变量，虽然没有投入专用性资本，但由于项目竞标过程的博弈，从交易成本和机会成本的角度分析，专家大多把它划入工程项目利益相关者范围。社会团体、社会公众、媒体等变量，对于具体项目虽然没有专用性投资，但是在目前普遍重视环境保护、人权意识日益增强的信息时代，多数专家把它们列入利益相关者研究也是合乎情理的。对于外国政府变量，则在大型的跨国工程项目管理研究中可能会予以重视。取值50%作为入选的标准，最终选择项目业主、承包商、监理公司、分包商、媒体、竞争对手、设备材料供应商、社区、本国政府、外国政府、社会团体、项目管理团队、员工、投资者、社会公众15个变量作为进一步研究的对象。下一节将对这15种变量进行实证分析，针对其变量属性进行分类研究。

第二节　工程项目利益相关者分类

第一节对利益相关者的定义进行了界定，初步筛选了15个利益相关者变量作为进一步研究的对象。这些利益相关者对于工程项目具有不同的利益要求和影响力，其中有些变量的属性存在交叉重叠的情况。在工程项目寿命周期不同的阶段，存在不同的利益相关者，不同利益相关者对项目影响力不一样；同一个利益相关者在项目不同周期阶段其影响力重要程度也不相同，利益相关者行为选择的不确定性给项目带来的潜在风险大不相同。因此，不能简单地把利益相关者视为一个性质划一的整体来分析，也不能针对所有利益相关者制定统一的管理策略。

一、利益相关者识别研究方法和思路

应该根据不同的维度标准和管理研究的需要，对各种利益相关者进行分类识别并加以分析。利益相关者识别研究方法和思路如图2-1所示。

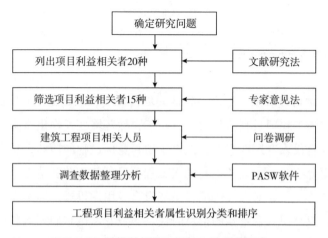

图2-1　利益相关者识别研究方法和思路

二、利益相关者识别分析方法

20世纪80~90年代，西方研究学者从不同视角探讨了利益相关者的细分方法，成果显著，下面将对其中具有代表性的研究方法加以探讨。

Freeman（1984）根据不同利益群体与公司之间存在的利益关系性质，按照公司所有权（ownership）、经济依存（economic dependence）、社会利益（social interest）三个不同的特征把利益相关者分成三类。对公司拥有所有权利益支配的人群，这类利益相关者主要包括公司股票持有人。同公司有直接的经济利益依赖关系的人群，主要包括所有管理人员、债权人、员工、顾客、供应商、竞争公司、社区等。同公司存在社会利益关系的人群，主要包括特殊利益群体、政府机构和大众媒体等。

Savage等（1991）按照利益相关者与企业建立合作联盟的可能性和潜在的不利影响程度，把相关人群分为四类：混合型、支持型、非支持型和边缘型。为应对美国许多行业面临的环境动荡和不确定性，企业高管必须有效管理其利益相关者。利益相关者包括那些对组织的行为感兴趣并有能力影响组织的个人、团体和其他组织。利益相关者方法系统地将管理者对组织战略的关注与组织在市场营销、人力资源管理、公共关系管理、组织政治和社会责任方面的兴趣结合起来。这种整合的观点认为，一个有效的组织战略需要多个关键利益相关者就其应该做什么以及如何做这些事情达成共识。利益相关者方法有助于整合通常单独处理的管理问题，通过评估利益相关者威胁组织或与组织合作的可能性，管理人员可以确定四种类型的利益相关者和管理它们的四种通用策略，以及与利益相关者发展良好关系的总体策略。

Frederick（1992）根据利益相关者同公司之间的市场交易关系及影响程度，将利益相关者分成直接利益相关者和间接利益相关者。直接利益相关者包括投资人、公司员工、债权人、竞争公司、供应商、顾客、零售商等，他们同公司存在直接的市场交易关系；间接利益相关者包括政府机构、社会特殊利益团体、传媒、行业组织、大学机构、社会公众等，他们同企业不存在直接的市场交易关系。

Charkham（1992）依据是否同企业存在商业性的契约关系，把相关利益人分成契约型利益相关者（contract stakeholder）和群落型利益相关者（community stakeholder）。契约型利益相关者主要有投资人、劳动员工、客户、分销商、信贷财团、设备原料供应商等。群落型利益相关者主要包括当地社区、终端消费人群、行业管理机构、政府部门、新闻媒体、社会公众、压力集团等。利益相关者理论是对传统股东至上理论的一种挑战，它从一个新的视角出发，为企业资源配置和企业所有权分配以及员工参与公司共同治理提供了强有力的理论支撑，而如何应用相关理论对利益相关者进行系统的界定和分类是研究的重点和难点。

Clarkson（1994，1995）根据人们在企业经营过程中承担风险形式的不同，将利益相关者分为自愿利益相关者和非自愿利益相关者，后又根据人们同企业相互关系的密切程度把相关人群划分成核心型利益相关者（core stakeholder）、战略型利益相关者（strategic stakeholder）和环境型利益相关者（environmental stakeholder）。

结合 Clarkson 研究方法中的紧密型维度和社会型维度，Wheeler（1998）把所有利益相关者分成四种类型：①首要的社会性利益相关者；②次要的社会性利益相关者；③首要的非社会性利益相关者；④次要的非社会性利益相关者。界定的结果如图 2-2 所示。其中，PSS（主要社会利益相关者）、SSS（次要社会利益相关者）、PNS（主要非社会利益相关者）、SNS（次要非社会利益相关者）。

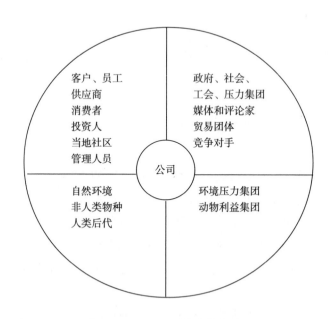

图 2-2 Wheeler 利益相关者分类

资料来源：Wheeler and Maria. Including the Stakeholders：The Business Case. Long Rang Planning，1998，31（2）：201-210.

Cleland（1999）以项目作为中心，按照利益相关者与项目的关系远近分为内部利益相关者和外部利益相关者，分类结果如图 2-3 所示。

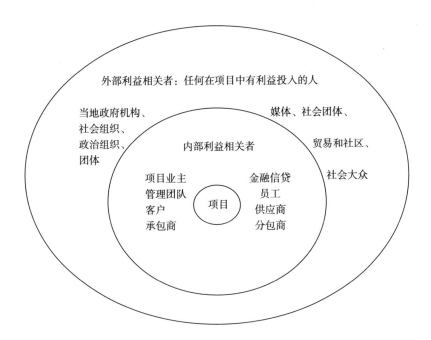

图 2-3　克利兰工程项目利益相关者分类

资料来源: Cleland D. I. . Project Management – Strategic Design and Implementation, Third Edition ［M］. McGraw-Hill, 1999.

Eden 和 Ackermann（1998）根据利益相关者对项目的影响力和利益要求两个属性把利益相关者分成四种类型，提出了影响力—利益矩阵方格。纵坐标是利益维度，横坐标是影响力维度，所有利益相关者被排列在 2×2 的矩阵方格里，形成四个象限:

右上角的角色是参与者（player），他们对项目的影响力大而且利益需求程度高；左上角是从属者（subjects）对项目的利益需求程度高，但是没有多少影响力；右下角是标准制定者（context setters），对项目没有太多的直接利益要求，但是很有话语权，例如政府机构等；左下角是一般群体（crowd），其影响力和利益要求都很低，地位无足轻重。

结合项目周期不同阶段，可以标出各个利益相关者在方格里的坐标位置，便于管理者掌握利益相关者的动态影响和利益需要，从而做出相应的策略调整，如图2-4所示。

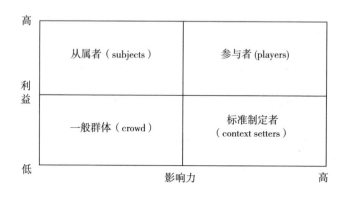

图 2-4　影响力—利益矩阵方格

资料来源：Eden C. and Ackermann. Making Strategy：The Journey of Strategic Management ［M］. London：Sage Publications，1998：121-125.

三、Mitchell 三维属性分类方法

Mitchell 等（1997）认为，企业利益相关者管理需要弄清两个核心问题：一是识别哪些人群是利益相关者，二是了解利益相关者的显著特征（salience），在此基础上进行识别细分进而分类管理。在考察了利益相关者与企业之间的相互作用关系，Mitchell 提出区分利益相关者的三种属性（attribute）标准：合法性（legitimacy）、影响力（power）和迫切性（urgency）。合法性是指那些利益相关者是否在法律或者道义方面拥有对企业相关利益的索取权；影响力是指某些相关者对企业具有某种影响力，这种能力能够不同程度地影响企业决策；迫切性是指某些利益相关者要求企业管理层对他们的利益要求给予急切关注或者响应的时限要求。

Mitchell 等（1997）认为，要符合利益相关者的角色要求，那些群体必须具备三种属性中至少一种属性，也可以同时拥有全部三种属性，并且可以有一定程度的重合。按照这个组合方式可以把企业的利益相关者划分为三种类型：

（1）确定利益相关者（definitive stakeholders），这类相关者需同时具备合法性、影响力和迫切性三种属性，他们也是企业管理层重点管理的对象。

（2）预期利益相关者（expectant stakeholders），他们拥有三种属性中的任意两种组合，可以具体细分为三种状况：第一，拥有合法性和影响力的利益相关者，他们期望得到管理层的关注，需要的时候可以正式参与管理和决策，如公司股东和雇员。第二，拥有合法性和迫切性的利益相关者，他们为达成自己的利益，有时会采取联盟方式增强自己的影响力，有时会借助政治力量来间接影响企业的决策过程。第三，拥有迫切性和影响力的相关者，他们没有直接的利益要求合法性，如环保组织、宗教组织和极端主义者，但是当矛盾激化或者他们自己认为利益被侵害时，往往会采取罢工、抗议、示威或者危害社会的极端行为，给公司的利益带来损失的风险。

（3）潜在利益相关者（latent stakeholders），他们仅具有三种属性中的一种。随着企业的经营状况发展变化，在特定条件下也可能会获得其他的属性，如图2-5所示。

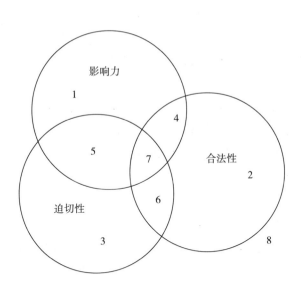

图 2-5　利益相关者定性分类

注：潜在型：1. 潜在的利益相关者；2. 任意的利益相关者；3. 苛求的利益相关者

　　预期型：4. 显性的利益相关者；5. 威胁的利益相关者；6. 依靠的利益相关者

　　确定型：7. 确定的利益相关者、其他非利益相关者；8. 非利益相关者

资料来源：Mitchell R. K.，A. R. Agle J. Wood. Toward a Theory of Stakeholder Identification and Salience：Defining the Principle of Who and What Really Counts［J］. Academy of Management Review, 1997, 22（4）：853–886.

国内利益相关问题研究者陈宏辉、邓汉慧等在实证研究公司治理问题的过程中运用 Mitchell 的三维属性对企业的利益相关者进行识别。工程项目风险管理研究很少有文献实证研究利益相关者和项目的双向互动关系，多是从理论上指出这种关系管理的重要性，或是开发出某种应用工具帮助项目经理去识别关键的利益相关者。本书借鉴 Mitchell 三维属性分类法，结合 PASW 统计分析软件，对工程项目利益相关者识别分析进行实证研究，为下一步深入分析项目风险管理与利益相关者的关系做好准备。

第三节　工程项目利益相关者属性识别

工程项目利益相关者对于项目的影响程度不一，需要项目管理者作出响应的紧急程度也是有差异的，有的利益相关者的影响力足以使项目运营中止。不同的利益相关者也有可能出现在项目进程的不同时期，某些利益相关者通过结盟或者借助外部力量也可能由潜在型利益相关者转变为确定型利益相关者。此外，不同的利益相关者同项目关系互动过程中的主动性也可能不一致。到底哪些人是项目的关键利益相关者？其优先响应管理的次序如何确定？显然，仅从理论上分析上述现象是不够的，还需要从实证分析的角度验证。

实证分析的意义在于：

（1）通过实地调研，认知和识别项目的利益相关者，尤其是关键利益相关者，确定研究对象的范围。

（2）通过调查问卷，了解利益相关者的显著特征，即属性以及对项目的影响关系。

（3）对工程项目利益相关者进行合理的分类管理，如确定利益相关者的优先响应管理次序。

（4）从实证角度验证有关理论假设。

一、问卷设计

根据前文初步筛选的 15 种利益相关者清单，查阅相关文献资料后咨询了有关房地产开发公司、监理公司及其他与工程项目相关的企业管理人员，初步设计出关于工程项目利益相关者与项目之间的相互需求和期望问题的调查问卷。在进行小范围的试验调查之后，修正了有关问题选项，最终确定了问卷结构。

问卷题目：利益相关者与工程项目互动关系调查问卷。

调查对象：房地产公司、高速公路建设管理公司、钢结构等公司的高层和中层管理人员以及部分基层员工，工程管理咨询公司、工程项目相关行业的研究人员、兴趣小组等，分布徐州、南京、苏州、合肥、上海等地。

调查方法：问卷采用地区分群随机抽样，部分问卷采用半结构型问卷设计。

数据处理：采用PASW Statistic18.0，以及描述统计、均值比较、配对样本T检验、单因素方差分析等数据分析方法。

问卷内容：问卷内容分为三部分，第一部分是工程项目利益相关者属性识别，从利益相关者的合法性、影响力、迫切性三种维度评价其属性。调查问卷的问项采取李克特7点量表，请受访者对三个属性分别进行打分，认为具备该属性最重要的利益相关者得分最高，如果有特殊原因没法打分，可以选择"无法选择"选项。第二部分是工程项目利益相关者双向互动关系，从利益相关者对工程项目的利益期望和工程项目对利益相关者的要求期望两个角度评价，按照期望要求的优先顺序排序，必要时可以进行数值转换处理。第三部分是调查对象的个人资料，为进一步的单因素分类研究做准备。

二、问卷结构特征描述统计分析

本次抽样调查期间，共发放问卷629份，实际回收532份，回收率84.58%，对回收问卷进行整理，有效问卷465份，回收问卷的有效率为87.4%。

对调查问卷中样本背景资料中的结构特征进行统计，得出结果如表2-3所示。

表2-3 调查问卷结构特征统计

	性别		年龄			
	男	女	20~29 岁	30~39 岁	40~49 岁	50 岁以上
人数（人）	267	198	99	291	67	8
百分比（%）	57.4	42.6	21.3	62.6	14.4	1.7

续表

	工作年限					职务			
	1 年以内	1~5 年	6~10 年	11~20 年	20 年以上	一般员工	基层管理人员	中层管理人员	高层管理人员
人数（人）	21	66	181	144	53	115	155	138	57
百分比（%）	4.5	14.2	38.9	31.0	11.4	24.7	33.3	29.7	12.3

	企业性质				企业规模		
	国有独资或控股企业	股份制企业	民营企业	外资企业	大型企业	中型企业	小型企业
人数（人）	154	114	76	121	240	121	104
百分比（%）	33.1	24.5	16.3	26.0	51.6	26.0	22.4

三、工程项目利益相关者属性分类统计分析

从合法性、影响力和迫切性三个属性维度对各种利益相关者评分。

（1）合法性评分。通过调查问卷回收整理，获得了受试者对工程项目的 15 种利益相关者的合法性评分资料（问卷中合法性越高，得分就越高），利用统计软件 PASW 分析，首先进行描述性统计（见表 2-4）。

表 2-4　合法性属性评分描述性统计

	有效样本	极小值	极大值	均值	标准差
业主	465	3.00	7.00	6.4000	0.99308
承包商	465	3.00	7.00	5.7398	1.05405
监理公司	465	1.00	7.00	5.0559	1.35072
本国政府	465	1.00	7.00	4.0215	1.48396
竞争对手	465	1.00	6.00	2.8645	1.62581
媒体	465	1.00	7.00	2.7398	1.49965
社会公众	465	1.00	7.00	2.3591	1.37482
社会团体	465	1.00	7.00	2.6473	1.41281

续表

	有效样本	极小值	极大值	均值	标准差
社区	465	1.00	6.00	3.8688	1.41040
项目管理团队	465	1.00	7.00	5.5527	1.33662
设备材料供应商	465	1.00	7.00	3.6344	1.39415
分包商	465	1.00	6.00	4.0753	1.13939
金融机构	465	1.00	7.00	3.9591	1.29673
投资人	465	1.00	7.00	5.7720	1.44574
员工	465	1.00	7.00	4.7677	1.38255
有效的 N（列表状态）	465	—	—	—	—

　　首先对有效调查问卷进行描述性统计和均值比较，如表2-4所示。同时，考虑置信度问题，不能仅根据表中均值大小的排列来判断大型工程项目利益相关者的合法性排序，如果均值处在同一个置信区间，即使两者在绝对数值上存在差别，仍属于同一等级。因此，需要做进一步的使用"配对样本T检验"（Paired-Samples T Test），判断两两之间均值之差与0是否具有显著性差异，进而消除因处于同一置信区间导致的排序差异。

　　在表2-5中，未加括号的数据为利益相关者在合法性属性上评分的均值与对应的另一利益相关者在该属性上评分的均值之差，括号内的数据是差分的T检验值。如果均值差分通过了95%或99%置信度的检验，则以＊号或＊＊号作为标注，若无任何标注，表示没有通过检验。分析表明：从合法性属性上来看，金融机构与本国政府、本国政府与竞争对手、社会团体与本国政府、供应商与媒体和公众、分包商与媒体和公众，投资人与本国政府、媒体、公众、社会团体之间，金融机构与社区等虽然评分的均值不同，但是这种均值的差异与0缺乏显著性差异，其他的排序都具有显著的或非常显著的统计意义上的差别。

　　（2）影响力评分。通过问卷调查，获得受试者对15种利益相关者的影响力评分资料（影响力越大，得分越高），然后利用PASW Statistic18.0进行描述性统计（见表2-6）。

表 2-5 合法性属性评分均值差异的配对样本 T 检验结果

		1	2	3	4	5	6	7	8	9	10	11	12	13	14
1	业主														
2	承包商	0.660** (10.96)													
3	监理公司	1.344** (19.89)	0.684** (10.40)												
4	本国政府	2.378** (30.46)	1.718** (23.25)	0.71** (7.96)											
5	竞争对手	3.535** (43.77)	2.875** (33.66)	1.338** (12.7)	1.16** (13.43)										
6	媒体	3.660** (44.04)	3.000** (36.27)	1.244** (10.3)	1.281** (14.99)	0.125 (1.57)									
7	社会公众	4.040** (49.05)	3.380** (42.49)	0.706** (6.083)	1.662** (19.51)	-0.505** (5.91)	-0.38** (4.52)								
8	社会团体	3.752** (49.21)	3.09** (37.81)	1.06** (8.86)	1.374** (14.36)	-0.217* (2.18)	0.092 (1.03)	-0.29** (-3.23)							

续表

		1	2	3	4	5	6	7	8	9	10	11	12	13	14
9	社区	2.531** (32.59)	1.871** (23.77)	1.389** (9.85)	0.153** (1.75)	-1.00** (-10.50)	-1.13** (-12.28)	-1.51** (-17.23)	-1.22** (-15.28)						
10	项目管理团队	0.478** (10.77)	0.187** 2.681	0.01 (0.104)	-1.53** (-19.3)	-2.39** (-28.63)	-2.81** (-31.37)	-3.19** (-37.99)	-2.91** (-33.35)	-1.68** (-21.4)					
11	供应商	2.766** (35.00)	2.105** (30.71)	-0.121 (-1.48)	0.387** (4.661)	-0.77** (-8.65)	-0.89** (-9.77)	-1.28** (-14.91)	-0.99** (-11.10)	0.234** (2.94)	1.92** (23.64)				
12	分包商	2.323** (33.52)	1.665** (28.51)	1.987** (15.69)	-0.054 (-0.69)	-1.21** (-15.0)	-1.34** (-17.45)	-1.72** (-21.52)	-1.43** (-17.14)	-0.206** (-2.37)	1.477** (19.91)	-0.44** (-6.40)			
13	金融机构	2.441** (30.30)	1.781** (23.55)	0.99** (8.84)	0.062 (0.84)	-1.10** (-12.14)	-1.22** (-14.41)	-0.160** (-20.92)	-1.31 (-15.1)	-0.09 (-20.69)	1.59** (19.97)	-0.324** (-4.45)	0.116 (1.59)		
14	投资人	0.628** (8.38)	-0.03 (-0.47)	1.049** (9.6)	-1.75 (-18.4)	-2.91** (-31.07)	-3.03** (-34.46)	-3.41** (-38.69)	-3.12 (-36.1)	-1.90** (-20.69)	-0.219** (-2.69)	-2.14** (-24.06)	-1.70** (-24.21)	-1.81** (-21.07)	
15	员工	1.632** (22.76)	0.972** (13.64)	0.311** (2.88)	-0.746 (-8.17)	-1.90** (-20.32)	-2.03** (-23.0)	-3.41** (-28.16)	-2.12** (-245)	-0.900** (-10.25)	0.785** (10.20)	-1.13** (-13.02)	-0.69** (-9.37)	-0.809** (-9.80)	1.004** (13.30)

表2-6 影响力属性评分描述性统计

	有效样本	极小值	极大值	均值	标准差
业主	465	2.00	7.00	5.3398	1.26313
承包商	465	1.00	7.00	5.7785	1.49582
监理公司	465	1.00	7.00	4.5032	1.20008
本国政府	465	1.00	7.00	4.8946	1.57283
竞争对手	465	1.00	7.00	3.6151	1.59478
媒体	465	1.00	7.00	3.0710	1.45675
社会公众	465	1.00	7.00	2.8473	1.45045
社会团体	465	1.00	6.00	3.4430	1.25322
社区	465	1.00	7.00	4.6129	1.19835
项目管理团队	465	2.00	7.00	5.3699	1.24774
设备材料供应商	465	1.00	6.00	3.8022	1.18522
分包商	465	1.00	7.00	3.8172	1.57394
金融机构	465	1.00	7.00	3.7011	1.26410
投资人	465	1.00	7.00	5.5935	1.41587
员工	465	2.00	7.00	4.9161	1.10809
有效的 N（列表状态）	465	——	——	——	——

对有效调查问卷进行描述性统计和均值比较，如表2-6所示。此外，考虑置信度问题，不能仅根据表中均值大小的排列来判断大型工程项目利益相关者的合法性排序，如果均值处在同一个置信区间，即使两者在绝对数值上存在差别，仍属于同一等级。因此，需要做进一步的使用"配对样本 T 检验"（Paired-Samples T Test），判断两两之间均值之差与 0 是否具有显著性差异，进而消除因处于同一置信区间导致的排序差异。

在表2-7中，未加括号的数据为利益相关者在合法性属性上评分的均值与对应的另一利益相关者在该属性上评分的均值之差，括号内的数据是差分的 T 检验值。如果均值差分通过了 95% 或 99% 置信度的检验，则以 * 号或 ** 号作为标注，若无任何标注，表示没有通过检验。分析表明：从合法性属性上来看，金融机构与本国政府、社会团体、社区、分包商，投资人与承包商、社会团体，媒体与竞争对手，社会团体与媒体，监理与管理团队，供应商与监理，分包商与本国政府等虽然评分的均值不同，但是这种均值的差异与 0 缺乏显著性差异，其他的排序都具有显著的或非常显著的统计意义上的差别。

表 2－7　影响力属性评分均值差异的配对样本 T 检验结果

		1	2	3	4	5	6	7	8	9	10	11	12	13	14
1	业主														
2	承包商	0.442** (7.224)													
3	监理公司	0.327** (6.743)	-0.053 (-0.183)												
4	本国政府	0.901** (10.00)	0.464** (5.310)	0.517** (6.795)											
5	竞争对手	0.889** (8.747)	0.447** (4.492)	0.502** (5.252)	-0.005 (-0.053)										
6	媒体	0.520** (6.899)	0.074 (0.891)	0.179** (2.396)	-0.359** (-3.98)	-0.319** (-3.33)									
7	社会公众	0.839** (9.959)	0.407** (4.949)	0.453** (5.136)	-0.056 (-0.568)	-0.055 (-0.568)	0.332** (5.155)								
8	社会团体	1.094** (10.16)	0.653** (6.316)	0.710** (7.343)	0.193 (1.93)	0.198** (2.347)	0.538** (5.955)	0.252** (3.572)							

续表

		1	2	3	4	5	6	7	8	9	10	11	12	13	14
9	社区	1.429** (11.06)	1.02** (8.483)	1.10** (9.130)	0.577** (4.594)	0.591** (6.069)	0.917** (7.651)	0.579** (5.719)	0.368** (4.147)						
10	项目管理团队	0.223** (2.799)	-0.221** (-2.93)	-0.162** (-1.99)	-0.68** (-6.35)	-0.676** (-6.58)	-0.298** (-4.36)	-0.631** (-8.01)	-0.872** (-9.28)	-1.25** (-10.4)					
11	设备材料供应商	0.656** (5.852)	0.219* (1.874)	0.274** (2.506)	-0.247** (-2.78)	-0.245** (-2.13)	0.138 (1.259)	-0.191 (-1.65)	-0.443** (-3.71)	-0.776** (-6.05)	0.432** (4.077)				
12	分包商	0.681** (7.168)	0.245** (2.383)	0.297** (3.065)	-0.22** (-2.66)	-0.217** (-2.14)	0.165 (1.724)	-0.162 (-1.56)	-0.416** (-3.96)	-0.769** (-5.96)	0.459** (4.351)	0.027 (0.33)			
13	金融机构	1.410** (13.06)	0.969** (8.635)	1.02** (10.3)	0.507** (5.029)	0.518** (5.434)	0.828** (8.466)	0.575** (5.125)	0.314** (3.249)	-0.113 (-1.01)	1.19** (12.53)	0.76** (8.132)	0.734** (7.317)		
14	投资人	0.888** (9.000)	0.437** (4.045)	0.545** (6.227)	0.01 (0.096)	0.051 (0.495)	0.373** (4.038)	0.039 (0.368)	-0.170 (-1.68)	-0.539** (-5.53)	0.665** (6.423)	0.229** (2.245)	0.199* (2.049)	-0.456** (-6.06)	
15	员工	1.048** (8.299)	0.608** (4.853)	0.663** (5.882)	0.145 (1.509)	0.157 (1.521)	0.495** (4.105)	0.203 (1.561)	-0.048 (-0.428)	-0.442** (-3.95)	0.826** (6.777)	0.387** (5.018)	0.361** (3.429)	-0.361** (-3.92)	0.123 (1.266)

（3）迫切性评分。通过问卷调查，获得受试者对 15 种利益相关者的迫切性评分资料（要求越紧迫，得分越高），然后利用 PASW Statistic18.0 进行描述性统计（见表 2-8）。

表 2-8　迫切性属性评分描述性统计

	N	极小值	极大值	均值	标准差
业主	465	3.00	7.00	6.3742	1.06359
承包商	465	3.00	7.00	5.5290	1.04825
监理公司	465	2.00	6.00	4.0409	1.10468
本国政府	465	1.00	7.00	3.9183	1.22201
竞争对手	465	1.00	6.00	2.7032	1.40737
媒体	465	1.00	6.00	3.0710	1.28709
社会公众	465	1.00	7.00	3.6215	1.84261
社会团体	465	1.00	7.00	3.5118	1.29004
社区	465	1.00	7.00	4.2409	1.27562
项目管理团队	465	3.00	7.00	5.2344	1.20116
设备材料供应商	465	1.00	7.00	4.5871	1.48173
分包商	465	1.00	7.00	3.8301	1.19588
金融机构	465	1.00	6.00	3.6172	1.23164
投资人	465	1.00	7.00	4.8258	1.42853
员工	465	1.00	7.00	4.7548	1.34072
有效的 N（列表状态）	465	—	—	—	—

对有效调查问卷进行描述性统计和均值比较，如表 2-8 所示。同时，考虑置信度问题，不能仅根据表中均值大小的排列来判断大型工程项目利益相关者的合法性排序，如果均值处在同一个置信区间，即使两者在绝对数值上存在差别，仍属于同一等级。因此，需要做进一步使用"配对样本 T 检验"（Paired-Samples T Test），判断两两之间均值之差与 0 是否具有显著性差异，进而消除因处于同一置信区间导致的排序差异。

在表 2-9 中，未加括号的数据为利益相关者在合法性属性上评分的均值与对应的另一利益相关者在该属性上评分的均值之差，括号内的数据是差分的 T 检验值。如果均值差分通过了 95% 或 99% 置信度的检验，则以 * 号或 ** 号作为标注，

表2-9 迫切性属性评分均值差异的配对样本 T 检验结果

		1	2	3	4	5	6	7	8	9	10	11	12	13	14
1	业主														
2	承包商	0.845** (14.52)													
3	监理公司	2.33** (36.30)	1.70** (27.30)												
4	本国政府	2.46** (32.94)	1.82** (27.77)	1.03** (13.43)											
5	竞争对手	3.67** (46.43)	3.04** (38.53)	2.35** (31.26)	1.14** (16.21)										
6	媒体	3.30** (44.18)	2.67 (34.05)	1.94** (25.60)	0.951** (11.13)	-0.37** (-5.59)									
7	社会公众	2.75** (29.12)	2.12 (20.62)	2.70** (31.51)	1.66** (19.51)	0.344** (4.035)	0.381** (4.521)								
8	社会团体	2.86** (40.36)	2.23** (29.13)	1.54** (20.93)	0.510** (6.234)	-0.81** (-10.7)	-0.77** (-0.923)	0.110 (1.551)							

续表

		1	2	3	4	5	6	7	8	9	10	11	12	13	14
9	社区	2.13** (31.12)	1.50** (18.37)	1.19** (13.58)	0.153 (1.754)	-1.17** (-13.1)	-1.13** (-12.3)	-0.25** (-2.54)	-0.357** (-4.21)						
10	项目管理团队	1.14** (15.96)	0.505** (7.156)	-0.178* (-2.28)	-1.21** (-14.6)	-2.53** (-29.6)	-2.49** (-30.6)	-1.61** (-16.3)	-1.72** (-23.6)	-0.993** (-13.4)					
11	设备材料供应商	1.79** (21.77)	1.153 (14.27)	0.469** (5.67)	-0.566** (-6.47)	-1.88** (-23.8)	-1.85** (-20.6)	-0.966** (-9.77)	-1.08** (-13.1)	-0.346** (-4.18)	0.647** (8.51)				
12	分包商	2.14** (36.17)	1.91** (28.30)	1.13** (14.63)	0.191* (2.274)	-1.13** (-14.3)	-1.09** (-12.3)	-0.209* (-2.06)	-0.318** (-3.69)	0.411** (5.417)	1.40** (19.78)	0.757** (10.53)			
13	金融机构	2.76** (37.32)	2.12 (28.70)	1.44** (17.82)	0.404** (4.666)	-0.914** (-12.3)	-0.77** (-10.8)	0.004 (0.044)	-0.105 (-1.39)	0.624** (8.458)	1.62** (20.45)	0.970** (12.00)	0.213** (2.96)		
14	投资人	1.55** (20.25)	0.914** (11.56)	0.230** (2.568)	-8.04** (-8.61)	-2.12** (-22.6)	-2.09** (-23.4)	-1.20** (-10.6)	-1.31** (-14.1)	-0.585** (-6.69)	0.409** (4.91)	-0.24** (-2.70)	-1.00** (-12.9)	-1.21** (-14.9)	
15	员工	1.62** (21.04)	0.985 (12.17)	0.301** (3.534)	-0.733** (-7.98)	-2.05** (-25.9)	-2.02** (-2.22)	-1.13** (-11.2)	-1.24** (-14.6)	-0.514** (-6.41)	0.480** (6.523)	-0.168* (-2.16)	-0.925** (-12.0)	-1.14** (-14.6)	0.071 (7.92)

若无任何标注，表示没有通过检验。分析表明：从合法性属性上来看，金融机构与社会公众、社会团体、承包商，媒体与承包商，社会公众与社会团体、承包商，社区与本国政府，供应商与承包商，员工与承包商、投资人等虽然评分的均值不同，但是这种均值的差异与 0 缺乏显著性差异，其他的排序都具有显著的或非常显著的统计意义上的差别。

确定利益相关者要有 3 个维度分值都在 5 分以上，预期利益相关者要符合条件为至少在 2 个维度上得分在 3 分以上、5 分以下，他们与工程项目关系较为密切，但对于企业的影响要小于确定型利益相关者。表 2-10 显示了 3 种确定利益相关者：业主、项目管理团队和承包商，7 种预期利益相关者：投资人、本国政府、金融机构、员工、社区、监理公司、分包商，5 种潜在利益相关者：竞争对手、媒体、社会公众、社会团体、供应商。分类结果也显示研究筛选的利益相关者对项目的利益相关的都是较为显著的。

表 2-10　工程项目利益相关者属性分类结果

得分 / 属性	5~7	3~5	0~3
合法性	业主、承包商、监理公司、投资人、项目管理团队	本国政府、金融机构、员工、社区、分包商	竞争对手、媒体、社会公众、社会团体
影响力	业主、承包商、本国政府、项目管理团队	员工、投资人、供应商、分包商、金融机构、监理公司、竞争对手、媒体、社会团体、社区	社会公众
迫切性	业主、承包商、监理公司、投资人、员工、项目管理团队	本国政府、金融机构、员工、社区、分包商	竞争对手、媒体、社会公众、社会团体

第四节　本章小结

本章首先通过专家调查法初步筛选出 15 种比较重要的工程项目利益相关者，讨论了利益相关者的识别分类方法，确定采用 Mitchell 的三位属性分析法对利益相关者进行实证研究。利用 PASW Statistic18.0 工具对问卷数据进行处理，根据三种属性得分评价结果，识别出工程项目的确定型利益相关者和预期型利益相关者。对于具体的某一项目而言，其项目资源是有限的，在实施基于利益相关者的风险管理过程中，必须识别影响项目的关键利益相关者，确定应对策略和管理优先次序，运用80%的项目资源来解决20%的重点问题，上述分类为项目风险管理研究划定了工程项目主体对象范围。

第三章　利益相关者与项目关系研究

项目关系是指项目内部和外部的各个利益相关者之间及其与项目管理团队之间的相互关系，它构成了项目环境，影响制约项目的进程，对项目关系的管理决定着项目的成败。

第一节　项目关系管理概述

一、项目关系管理的实质

随着利益相关者对项目的参与和管理要求的日益增强，项目目标已经从控制"三大约束条件"向最大化满足各利益相关者需求转变。从这个意义上来说，项目管理实际上就是项目关系管理，是综合平衡各种项目利益相关者的利益期望的协调和实现过程。

工程项目的生命周期包括项目立项、项目规划、项目管理、项目控制等阶段，每个阶段面临不同程度的不确定性，要想有效降低项目风险，达到项目预期结果，核心是能够满足利益相关者特别是关键利益相关者的基本需求。而不同利益相关者对项目的期望值是不同的，并且在项目生命周期不同阶段各利益相关者对项目的影响程度也是不同的。建立成功的项目关系的关键是了解不同的利益相关者对项目有哪些期望差异，对项目的成功有哪些不同的定义。因此，一个项目的成功或失败很大程度上取决于它如何满足利益相关者的期望以及他们对自身利益的价值观。利益相关者的期望和看法可能会受到项目经理有效参与项目利益相关者关系管理的能力和意愿的影响。

利益相关者之间的关系以及项目管理团队与利益相关者之间的关系构成了项目关系。合格的项目经理应该善于管理项目中的各种关系。但是，项目的复杂性和不确定性使关系管理变得非常困难。未来项目经理的关键技能是从依赖各种传统的图文工具控制项目进展转向沟通并影响各项目利益相关者使其积极参与支持项目。这就要求项目经理要善于识别核心利益相关者的期望，并且有效管理各种项目关系，确保项目顺利进行。

二、项目关系管理研究文献探讨

许多学者意识到项目利益相关者关系管理的重要意义，并且从不同角度推动对项目关系管理的研究。

Ka 等（2015）通过回顾 1997~2014 年的相关文献，研究了大型项目利益相关者管理领域的发展，确定了四个主要研究主题："利益相关者利益和影响""利益相关者管理过程""利益相关者分析方法"和"利益相关者参与"。研究表明，大型建设项目（MCP）的复杂性和不确定性要求采用有效的利益相关者管理（SM）方法来兼顾利益相关者的利益冲突。研究发现 MCP 中的 SM 方法受到项目所在国家背景文化的影响，这意味着项目管理需要识别国家文化的影响。此外，传统的利益相关者分析技术虽然存在缺陷，但在 MCP 中得到了广泛的应用。因此，需要采用一种社会网络方法来管理这些项目利益相关者的相互关系。

Jergeas 等（2000）认为，对项目及其利益相关者的关系进行有效管理对于项目的成功至关重要。由于项目团队和一个或多个利益相关者之间的冲突，会导致项目成功完成的概率大为降低。Jergeas 简要概述了石油和天然气行业建设项目中如何管理利益相关者，以及无效的利益相关者管理对项目的影响。随后，对目前在石油和天然气行业施工方为业主组织工作的五名项目经理进行访谈和数据收集。结果表明，项目利益相关者的有效管理是项目成功的关键。

Thomas（2002）认为，项目经理对利益相关者的期望进行前瞻性研究管理是保证项目成功的关键要素。项目成败与利益相关者对项目的价值判断及其与项目团队之间的关系管理如何有着强相关性。不同人对项目成果期望不同，对项目成功与否的界定也不一致，因此了解其心理期望并满足其利益要求是处理好项目关系的关键。

Aaltonen 等（2008）指出，项目利益相关者管理关键就是其关系管理，项目管理层尤其会关注那些在权力性、合法性和紧迫性方面更为突出的利益相关者。他们研究了乌拉圭的一个纸浆厂建设项目，以确定不同的战略项目利益相关者使用哪些策略来增加其显著性。所确定的显著性塑造策略包括直接扣压策略、间接扣压策略、资源建设策略、联盟建设策略、冲突升级策略、可信度建设策略、沟通策略和直接行动策略。研究表明，利益相关者关系管理在全球项目中尤其重要，而这些项目往往是在制度方面要求严苛的环境中进行的。

部分学者基于"关系网络"研究利益相关者对项目的影响，认为建设工程项目的环境是复杂、非线性的交互作用，因而利益相关者对项目的影响作用很难确定。

Pryke（2006）认为，传统的利益相关者关系分析都是二元的，假定项目关系仅涉及两个主体。但现实的项目环境是复杂的，每一个利益相关者都与不同的项目主体相联系，各种关系交织成网状，并非是双向的。关系网络中有些隐形利益相关人可能影响并不明显，但这种微不足道的影响可能在一定条件下转化为对项目的实质性风险。

同样，Bourne 和 Walker（2006）认为，隐形的利益相关人通过看不见的联系或力量可能会引起项目的停滞，比如"社会公众"一般没有正式权力去影响决策进程，但是可以通过施压给那些具有项目权力的利益相关者，从而改变其项目决策观点。

Olander（2006）把利益相关者管理看成一个系统，那么研究系统的各个组成部分以及各部分之间的关系就成为必然。

通过研究利益相关者授权，Rowlinson 和 Cheung（2008）指出，关系管理对增加项目绩效以及客户满意度是有益的，项目利益相关者管理是项目管理过程的一部分。该项研究基于中国香港和澳大利亚的关系管理领域研究，提供了一个可测试性的利益相关者管理过程模型，其中包括授权、组织文化、信任以及承诺等概念则被用作探索这一过程的基础。传统上，被认为项目管理者应该试图安抚利益相关者，而不是让利益相关者过多地介入项目管理；而现在关注他们利益的同时，也要关注项目管理的细节，项目"授权"被视为鼓励非专家"干预"项目管理者的行为。这种对利益相关者态度的转变标志着房地产和建筑业的文化变革，引发了对项目关系管理的日益重视。因此，需要解决的问题是，在两种不同的管理文化中项目关系管理和利益相关者管理如何以及为什么存在差异性，哪些元素是共同的，哪些元素是不同的。

认识到利益相关者关系管理的重要性，大量研究开始集中在需求的测量方法方面，通过测量利益相关者需求来寻求相应的管理手段。

Fletcher 等（2003）研究了澳大利亚红十字会（ARCBS），一个非营利机构，从外部利益相关者的角度研究其价值。该研究使用了价值层级法和关键绩效区域（KPAS）测度法，发现不同利益相关者对其中 9 个 KPAS 及其属性认识各异，对其中 4 个最重要区域（产品安全、工作效率、捐献人及志愿者管理、公众信心）看法比较一致。

Rowley（1997）最早尝试应用社会网络分析（SNA）方法研究利益相关者与组织的关系，并且使利益相关者的权力及影响模式可视化。这是一种更为整合的管理利益相关者的过程，包括识别、评估、认知利益相关者的需求和影响力，进而形成评价利益相关者满意度的方法和沟通策略。该方法告诉我们哪些利益相关者需要考虑，哪些人可以忽略，各利益相关者的态度是支持的还是反对的。

上述两种方法研究了项目关系网络对项目的影响作用，基于此，Walker 和 Bourne（2005）指出，关于项目的硬技术（如围绕时间、成本、质量的管理技术）研究成果已经很多，但是能够有效指导项目经理与利益相关者互动管理的软技术还是很缺乏。如何识别管理利益相关者以及如何管理利益相关者的项目关系被认为是项目管理的关键技能，但是这种软技术需要项目经理具备直觉判断能力和极强的分析能力，因此能够帮助项目经理进行利益相关者管理的可视化工具就显得极具价值。改善利益相关者与项目的互动关系能够帮助管理利益相关者的期望，降低不可预见的风险，激发利益相关者的潜在积极能量，减弱其消极的抵触反应。

第二节 工程项目关系管理的理论分析

一、工程项目利益相关者关系一般性描述

在建筑工程项目的不同周期阶段，项目关系涉及不同的利益相关者，每个阶段的项目关系描述如下：

计划阶段：涉及的利益相关者有业主单位、终端用户、相关政府职能部门、

信贷机构、咨询公司等。具体项目关系有立项必要性、项目报批协调、建设项目规模、资金筹措、可行性研究报告等。

准备阶段：涉及的利益相关者有政府职能部门、勘察设计单位、项目所在社区、监理公司、承包商、竞标公司。具体项目关系有选址、用地规划、工程规划、施工许可、搬迁安置、招标、竞（投）标、委托监理方等。

施工阶段：涉及的利益相关者有承包商、分包商、设备材料供应商、监理公司、社区环境。具体项目关系有监督施工进度和质量、设备和建筑材料供应、项目监理、社区协调、设计变更。

验收阶段：涉及的利益相关者有政府职能部门、监理公司、承包商、设计单位。具体项目关系有验收过程、项目结算。

之所以说是"一般性描述"，一是因为列举的利益相关者及其项目关系并非全面，不是以科学的调研方法获得，也没有经过严格的统计分析。二是项目利益相关者在不同管理模式和情境下，各利益相关者及其项目关系不可能完全一致。

项目利益相关者关系分解如图3-1所示。

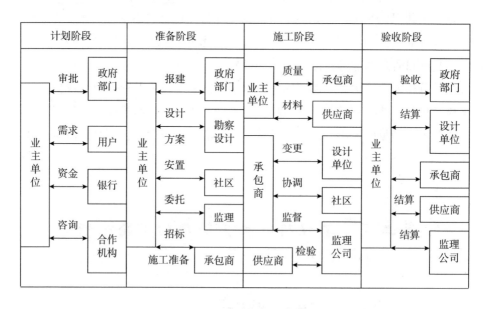

图3-1　建筑工程项目利益相关者关系

二、项目关系的社会契约分析

契约理论属于微观经济学的研究领域，自 19 世纪 70 年代 Grossman、

Alechian、Demsetz、Hart 等提出"契约理论",契约分析就已经在政府采购、企业经济学、产业组织等多个领域得到广泛应用。

本书借鉴 Donaldson T. 和 Dunfee T. 的"综合社会契约论"对工程项目关系进行分析。综合社会契约理论体系包括三个组成部分:微观社会契约、宏观社会契约和最高规范。最高规范是高于一切文化区别的、人类一致认同的道德规范。最高规范包括人们普遍应该享受的权利:个人自由、人人平等、财产所有权、安全健康、政治参与权、生存权、知情权等,在项目管理中,"过程公平"可以看作最高规范;微观社会契约一般特指微观环境下小团体的行为规范,建设单位与施工承包人之间的委托—代理关系可以看作微观社会契约;"承担一定的社会责任"和"行业可持续发展"可以看作宏观社会契约。

工程项目的各个利益相关者有自己的利益诉求,形成微观层面的契约关系,这种契约关系存在差异性和冲突性,可能给项目带来一定程度的风险。客观原因包括:

(1)项目本身就是一次性、临时组织的创新活动。

(2)各利益相关者是追求各自经济利益最大化的经济人。

(3)拥有信息的不对称性。

(4)知识体系的不完备性。

(5)投入资本的专用性。

每个契约双方都有一定的约束力,由于上述项目特点,在博弈过程中容易出现道德风险、逆向选择、"寻租"等短期行为,影响项目整体的效益最优化。

工程项目是各个微观社会契约的有机联合体,项目组织之所以合理存在,是因为与社会建立了社会契约关系。项目本身还有承担社会责任、平衡各方利益相关者的期望和利益方面的宏观社会契约条件约束。所以,项目管理应该关注各利益相关者的利益诉求以及随着项目生命周期动态变化的需求变化,在实现利益相关者价值的同时兼顾社会利益。基于此,工程项目与利益相关者之间既存在微观的经济契约关系又存在宏观的社会关系,工程项目关系就是综合的社会契约体系。

三、项目契约关系的不完全性分析

契约的不完全性是指由于契约建立的某些相关内容是其他人能够观测到但是难以证明的,故而契约的建立只能是不完全的。契约不完全性意味着某些内容的

"不可描述性"。也就是说，难以预知全部可能发生的事件，更不可能在契约中防范可能出现的风险。

Williamson 和 Hart 提出了"不完全契约理论"，源于他们认识到现实中的契约不可能是全面详尽的，因为存在着"有限理性和交易费用"。具体来说，存在以下几种可能的原因使契约不完全：

（1）预料成本：基于人的有限理性假设，不可能预见事件的所有发生或然率。

（2）缔结成本：大量事件都在合同中予以规范是费用极高且不现实的做法。

（3）证明成本：纠纷发生的时候，有关契约的信息可能是交易双方心知肚明的，但提交到第三方裁决的时候，比如法院，没有办法证明或者说证明成本太高。

（4）经营垄断的偏好。

（5）信息不对称性。

例如，项目管理团队对组织做出贡献应该给予激励和奖赏，但是其贡献价值既有被观察到的行为，也存在没有被观察到的行为。那么激励奖赏只能针对那些已经写入合同的贡献行为，而没有写入合同的贡献行为往往被忽略。于是契约应该存在显性契约和隐性契约两种。显性契约反映的是工作任务的进度、数量、成本控制等客观绩效。隐性契约反映的往往是雇员的合作、忠诚度、创新能力、助人等行为，主观性较强。如果项目业主没有对雇员的隐性贡献予以有效激励，可能会助长机会主义和道德风险的发生，并且会在组织中形成扩散效应。这种隐性契约的激励缺失说明了契约的不完全性。

工程项目中利益相关者和项目之间存在显性契约，但更多的是隐性契约。因为项目管理不可能预料所有利益相关者行为的后果，无法把全部事项和解决办法都写入合同，那样做交易成本会剧增，并且动辄付诸法律解决利益冲突的诉讼成本也是企业无法承受的。所以，企业会选择显性契约和隐性契约并存的做法，显性契约处理那些容易量化的项目关系，而隐性契约则解决那些适用私下解决机制的项目关系。

隐性契约没有办法得到法律的强制保证，其执行只能依靠项目和利益相关者之间的信任关系来保障和约束。由于各利益相关者对项目的利益要求存在差异，不同人对同一个项目结果会有不同的成功定义标准，并且不同的利益相关者存在专业知识和掌握信息的不对称，机会主义会使某些拥有优势信息的利益相关者侵占那些信息闭塞的利益相关者的利益。解决信息不对称问题也不能全部靠显性契约的建立，所以项目契约关系一定具有不完全性。

第三节　工程项目关系分析工具的应用

工程项目具有一次性、独特性、目标明确性、高风险性等特点。工程项目的生命周期包括项目立项、项目规划、项目管理、项目控制等阶段，每个阶段面临不同程度的不确定性，要想有效降低项目风险，达到项目预期结果，其核心是能够满足利益相关者特别是关键利益相关者的基本需求。而不同利益相关者对项目的期望值是不同的，并且在项目生命周期不同阶段各利益相关者对项目的影响程度也是不同的。利益相关者之间的关系及项目管理团队与利益相关者之间的关系构成了项目关系。一个合格的项目经理应该善于管理项目中的各种关系。但是项目的复杂性和不确定性使关系管理变得非常困难。

未来项目经理的关键管理技能是从依赖各种传统的图文工具控制项目进展转向沟通并影响各项目利益相关者使其积极参与支持项目。这就要求项目经理要善于使用"利益相关者环"之类的工具来帮助识别核心利益相关者的期望，并且有效管理各种项目关系，确保项目顺利进行。

一、项目关系分析工具——"利益相关者环"

"利益相关者环"由澳大利亚的 Bourne（2005）提出，是一种有效的项目关系管理可视化工具。这种可视化图形工具借鉴了近年来关于项目利益相关者关系管理的研究成果，综合了利益相关者识别、分类、互动管理的技术方法，结合软件辅助能够帮助项目管理者有效地识别关键项目利益相关者的影响并进行排序，从而开发出针对性的沟通和管理策略，降低项目风险，保证项目顺利实施。

利益相关者环由两种基本元素组成（见图3-2）。一是同心圆，表明利益相关者与项目管理者之间的距离；每一个利益相关者的图形表示其具有同质性。例如，实心阴影图案表示该利益相关者是个体，灰色阴影图案表示该利益相关者是群体。二是楔子形状，其尺寸和相应的图形面积表明利益相关者的规模及其对项目的影响范围；径向深度代表权力或影响力对项目的影响程度。

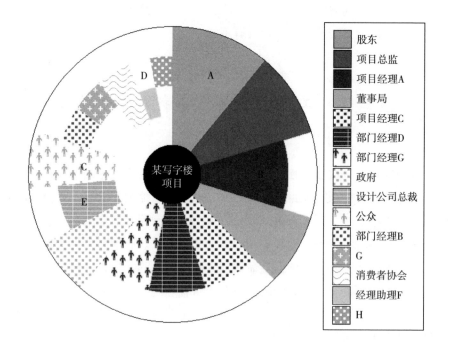

图例：
- 股东
- 项目总监
- 项目经理A
- 董事局
- 项目经理C
- 部门经理D
- 部门经理G
- 政府
- 设计公司总裁
- 公众
- 部门经理B
- G
- 消费者协会
- 经理助理F
- H

图3-2 某写字楼项目"利益相关者环"

各种项目关系的作用方向是不一样的。比如，同高级管理者的关系方向是向上的，要求项目管理者发展并维持与其良好的沟通关系，从而获得高级管理者对项目的承诺与支持。同项目团队成员的关系方向是向下的，要求项目管理者建立与其合作、信任、授权、沟通、反馈和知识分享等机制。同外部特殊利益团体的关系方向是向外的，要求项目管理者保持良好的公共关系，充分理解他们的期望和意见，争取他们对项目的理解和支持。对这些外部关系，项目经理可能没有正式的组织权力，但可以利用个人的影响力来影响这些外部利益相关者。

利益相关者环的运用前提条件是项目对于全体利益相关者来说是知情同意的，并且通过管理项目的关系可以提高项目成功的可能性。利益相关者包括个体和群体，他们对项目有着程度各不相同的潜在影响。该工具软件在项目经理对利益相关者关系属性进行评估的基础上，计算了每一利益相关者对项目的重要性。利益相关者环更加强调对关键利益相关者的理解和管理从而取得项目成功。

二、"利益相关者环"在实践中的应用

下面是针对徐州地区某写字楼项目进行的实际分析应用：

步骤1：对于给定项目，首先要识别利益相关者，理解各利益相关者的相互关系以及关系作用方向。实践中，由项目经理去挖掘利益相关者的角色、需求、对项目的利益期望、对项目的重要性，可以通过询问相关问题的方式建立各利益相关者和项目管理之间的相互需求，建立双方关系属性信息。这个过程要求项目经理要熟悉项目运作和约束条件，充分了解项目组织的结构和相关政策规定；调研工作方式可以采取项目会议、头脑风暴、现场讨论、问卷调查、专家咨询相结合的方式。

步骤2：完成对各利益相关者的评估工作，按照利益相关者对项目的影响力、与项目的邻近性以及对项目要求的迫切性分别作出评估，评判标准从低到高5等分，如此针对每个利益相关者产生一个指标值（INDEX）。利益相关者环软件的内置排序函数（SORT）会相应地生成一张关于利益相关者的排序清单，从而帮助项目经理了解各利益相关者的期望值并进行针对性的互动管理。

步骤3：掌握各利益相关者的基本信息，理解在项目周期的不同阶段，哪些利益相关者需要重点关注，哪些利益相关者需要提供何种信息以消除其反对倾向。针对不同利益相关者制定相应的沟通策略，然后转化为互动管理行为。

步骤4：动态调整。由于项目的复杂性和独特性，上述识别、排序、互动管理工作不是一次性的，而是随着项目生命周期的不同阶段、各利益相关者的人员变化以及相应的影响力改变而定期更新评估数据，从而真实地反映项目关系的动态特征。

关系属性识别和排序过程都是工具的信息输入部分，当然也是最为重要和最费时间的工作，这里仅对信息输出部分——"利益相关者环"的生成结果作简要分析。

图3-2深灰区域表示关系作用方向是向上的；中灰色区域表示关系作用方向是向下的；蓝色区域表示关系作用方向是外部的；紫色区域表示关系作用方向是侧面的。

A区域代表股东，这个利益相关者群体对项目的影响重要并且其图形径向深度表示其拥有的权力足以让项目终止。

B区域代表项目经理A，这一个体利益相关者与项目中心距离很近，表明是

项目的重要参与人；影响力较大，但是权力不足以使项目停止。

C区域代表公众，这一利益相关者作为群体对项目的影响广泛而重要，但是其中的个体影响作用极其有限；该区域远离项目管理中心。

D区域代表供应商，这一利益相关者影响很小（面积小）且距离项目中心很远，表示其参与项目的程度不深，但对项目的成功还是有一定的影响力的。

E区域代表设计公司总裁，个体利益相关者，与项目中心有一定距离表示其直接参与性低；但是有重要影响，他可以为项目管理提供人力资源和技术支持。

通过图形可以看出关系作用方向向上的利益相关者占多数，由项目管理团队以及与项目经理同等阶层的部门经理构成。最重要的七个利益相关者与项目中心的距离最近，显示其对于项目在资金、时间、智力支持投入最大，也是项目经理重点管理的互动对象。

项目组织结构决定了管理框架内的各种权力关系制衡。项目管理框架连同组织文化的影响共同决定了管理团队以及其他利益相关者对项目的期望建立。因此，从利益相关者环的分析数据中能够反映项目组织文化方面的信息。

图形中股东对项目管理的参与度很高，这有别于一般项目，项目经理应该进一步分析其中原因。项目经理A和项目经理C的职能一样但是影响程度和权力大小不同，这点可以从二者的面积大小看出。另外，部门经理B和部门经理G都是要重点关注的利益相关者，他们对项目的影响和支持作用非常重要。

清晰地掌握项目各利益相关者的关系之后，项目经理就可以着手制订沟通计划以及相应的互动措施。

三、"利益相关者环"的使用价值和不足

通过对利益相关者环的相关理论基础和应用实例分析，可知这种项目关系管理工具的价值主要体现在三个方面：

一是分析方法过程本身。该方法帮助项目管理者对项目利益相关者的关系属性进行识别，找出一定数目的可以有效管理的关键利益相关者，并且按照其对项目影响的重要程度进行排序。软件辅助支持可以让项目管理者节约大量的工作时间，同时分析过程可以帮助管理者开发针对利益相关者的互动策略和制订沟通计划。

二是工具的易操作性。可视化的图形可以让项目管理者对各利益相关者对项目的影响力以及期望需求有直观的了解。在不同项目周期阶段会产生不同的利益

相关者环图形，便于提醒管理者比较项目关系的变化进而制定相应的调整策略。

三是学习效应。在运用利益相关者环工具的过程中，需要从多个视角分析各利益相关者的期望和影响力，掌握其特征和彼此间的互动关系；在实施沟通和互动管理策略的过程中，能够帮助挖掘利益相关者群体的隐性知识并加以分享。因而项目管理者的管理经验会得到明显提升，个人知识的积累过程也是项目组织的知识资本积累过程。

不过，这种可视化管理工具也有需要提高的地方。

首先，利益相关者关系属性识别和分析排序的过程主要是由项目经理或管理团队完成的，其项目知识体系不可能是完备的，这种认知缺陷会限制分析结果的精确性。

其次，不同的项目管理者对同一个输出结果会有不同的解释，其采取的措施可能也会有很大差异。另外，"利益相关者环"还需要在更多类型和更大规模的项目中应用以验证其实践效果如何。

最后，这种工具主要揭示每一个利益相关者对项目之间的关系，而项目关系还包括各个利益相关者彼此之间的关系。所以说，该工具没有从真正意义上摆脱传统的项目关系二元分析论，当项目系统的关系复杂性增加时，该工具分析结果的准确性很可能会降低。

基于工程项目的环境特征是非线性的、复杂性的、交互作用的，Pryke 等学者使用"关系网络"这个词汇来表述项目利益相关者的项目关系，并尝试使用社会网络分析工具（SNA）来刻画利益相关者对项目的影响。根据项目实践经验，在项目生命周期的不同阶段，不存在哪一种最优方法能够在合适的时刻识别出相应的合适的利益相关者，因而建议"利益相关者环"应该同其他的项目关系管理分析方法结合使用，彼此印证弥补不足之处。

第四节　工程项目利益相关者双向互动关系实证分析

前文从理论和应用型工具两个方面分析了工程项目利益相关者与项目之间的双向利益要求，对利益相关者利益要求产生的根源和关系分解有了初步认识。企业必须兑现它与利益相关者建立的各种复杂的显性契约和隐性契约，首先要满足利益相关者的利益期望,才能实现企业的社会契约承诺,从而实现可持续发展。但是,项目资源十分有限,而不同的项目利益相关者显然对项目的利益期望内涵也不雷同,同一个利益相关者对项目的要求也分轻重缓急,企业如何分配有限的项目资源最大化地满足各利益相关者的需求?要想获得一般意义上的解释,还需要借助于实证分析。

一、研究假设和研究方法

根据综合性社会契约对项目载体企业和利益相关者的约束内容以及项目实践中人们的积累认识,可以作出如下假设:

假设1:不同的利益相关者对工程项目的利益期望具有差异性,并且同一利益相关者对不同的利益期望重视程度具有差异性。

假设2:工程项目对不同利益相关者的利益期望具有差异性,并且对同一利益相关者的利益期望重视程度具有差异性。

针对前文分析的三种确定型利益相关者,较为宽泛地列出可能存在的利益期望内容,通过专家评分法对各项内容进行重要度打分,仍以50%的通过率滤选出问题条目,最后形成问卷内容。

问卷样本和调查方式同第二章,问卷数据处理采用PASW Statistic18.0,采用描述性统计、均值比较、配对样本T检验、单因素方差分析等数据分析方法。

二、统计分析

(1)问卷回收情况。

抽样调查期间,共计发放问卷629份,实际回收532份,回收率84.58%,对回收问卷进行整理,有效问卷465份,回收问卷的有效率87.4%(同第二章)。

(2)描述性统计。

调查问卷之样本资料的结构特征如表2-3所示。

(3)数据统计分析。

1)利益相关者对工程项目的利益要求分析。

利用PASW Statistic18.0计算出三种利益相关者对工程项目利益要求的得分均值,借助配对样本T检验判断各种利益要求排序的统计意义。以下是业主对工程项目利益要求的数据进行统计分析的结果(见表3-1和表3-2):

表3-1 业主对工程项目需求的描述性统计

业主 利益要求	有效样本	最小值	最大值	均值	标准差
A. 项目交付成果质量可靠、安全	465	1.00	5.00	1.8602	1.17252
B. 收益大且总投资控制在预算内	465	1.00	5.00	2.0301	0.98652
C. 项目工期缩短	465	1.00	5.00	3.5914	1.11646
D. 项目成果有效提升公司形象	465	1.00	5.00	3.6860	1.09874
E. 获取一定的社会效益	465	1.00	5.00	3.8323	1.20784

注：由于问项是按重要性排序，此表中利益要求条目得分均值越小，表明这一利益要求越重要。

表3-2 业主对工程项目需求均分差异的配对样本 T 检验结果

	A	B	C	D	E
A. 项目交付成果质量可靠、安全	—	—	—	—	—
B. 收益大且总投资控制在预算内	-0.17** (-2.04)	—	—	—	—
C. 项目工期缩短	-1.73** (-21.73)	-1.56** (-21.74)	—	—	—
D. 项目成果有效提升公司形象	-1.83** (-20.19)	-1.66** (-24.94)	-0.095 (-1.122)	—	—
E. 获取一定的社会效益	-1.97** (-23.98)	-1.80** (-20.94)	-0.241** (-2.653)	-0.146 (-1.781)	—

注：＊表示 $P<0.05$；＊＊表示 $P<0.01$。

不能简单地参照表3-1中均值大小判断业主对工程项目需求的重要性顺序，需借助配对样本 T 检验（paired-samples T test）判断两两变量的均值之差与0是否存在显著性差异，统计分析结果如表3-2所示。在表3-2中，未加括号数据是利益相关者对工程项目利益要求与对应的其他需求评分均值之差，括号内数据是差分的 T 检验值。若均值差分通过了95%或99%置信度检验，就以＊或＊＊标注；若无标注，表示没有通过检验。

对表3-2的检验结果进行综合分析，可知："项目成果有效提升公司形象"与"获取一定的社会效益"之间，以及与"项目工期缩短"之间的均值差异与0缺乏显著性差异，其他的排序都具有非常显著或者显著的统计意义上的差别。

限于篇幅，略去其他两种利益相关者（项目管理团队、承包商）对工程项目利益要求的描述性统计以及需求均分差异的配对样本 T 检验结果，只把最终分析结果列在工程项目与利益相关者双向利益要求体系中（见表3-3）。

表3-3　工程项目与利益相关者双向利益要求体系

确定利益相关者	利益相关者对工程项目利益要求	工程项目对利益相关者利益要求
业主	①项目交付成果质量可靠、安全 ②收益大且总投资控制在预算内 ③项目成果有效提升公司形象 ④项目工期缩短 ⑤获取一定的社会效益	①资金保障 ②公平招标 ③具备一定的项目管理能力 ④严格履行合同条款 ⑤承担一定的社会责任
承包商	①保证合理利润 ②招标过程公平公正 ③具有一定资金和项目管理能力 ④配合监理公司的监督工作 ⑤风险合理分配	①守法诚信经营 ②严格履行合同规定 ③具有一定资金和项目管理能力 ④配合监理公司的监督工作
项目管理团队	①薪酬设计具有激励性 ②成长空间和职业发展前景良好 ③组织氛围民主和谐 ④能够积累项目经验和自身技能 ⑤培训成长的机会	①具备项目管理技能和经验 ②工作认真负责 ③遵守公司制度和职业道德 ④善于协调项目利益相关者之间的关系 ⑤保证项目达成预期目标

资料来源：本章课题组分析整理。

2）工程项目对利益相关者的价值和利益要求分析。

利用PASW Statistic18.0计算出工程项目对三种确定利益相关者的利益要求的评分均值，并采用配对样本T检验，来判断各种利益要求排序的统计意义。以下是工程项目对消费者利益和价值需求的数据分析结果（见表3-4、表3-5）。

不可以简单地根据表3-4中均值大小来判断工程项目对消费者对需求的重要性顺序，需使用配对样本T检验（paired-samples T test）来判断每两个变量的均值之差与0是否具有显著性差异，统计分析结果如表3-5所示。在表3-5中，未加括号的数据为业主对利益相关者利益要求与对应的另一需求评分的均值之差，括号内的数据是差分的T检验值。如果均值差分通过了95%或99%置信度的检验，则以＊或＊＊作为标注；若无任何标注，表示没有通过检验。对表3-5的检验结果进行综合分析，可以看出全部变量具有非常显著或者显著的统计意义上的差别。

表 3-4　工程项目对业主需求的描述性统计

工程项目对消费者利益要求	有效样本	最小值	最大值	均值	标准差
A. 资金保障	465	1.00	5.00	1.8710	1.37422
B. 公平招标	—	—	—	—	—
C. 严格履行合同条款	465	1.00	5.00	3.2237	1.23939
D. 具备一定的项目管理能力	465	1.00	5.00	2.6559	0.95699
E. 承担一定的社会责任	465	1.00	5.00	3.1312	1.15501

注：由于问项是按重要性排序，此表中利益要求条目得分均值越小，表明这一利益要求越重要。

表 3-5　工程项目对业主需求均分差异的配对样本 T 检验结果

	A	B	C	D
A. 资金保障 B. 公平招标	-1.35^{**} (-14.45)	—	—	—
C. 严格履行合同条款	-0.875^{**} (-9.929)	0.568^{**} (7.406)	—	—
D. 具备一定的项目管理能力	-1.26^{**} (-13.09)	0.092 (1.001)	-0.475^{**} (-5.850)	—
E. 承担一定的社会责任	-2.23^{**} (-20.32)	-0.877^{**} (-9.234)	-1.45^{**} (-17.35)	-0.970^{**} (-12.59)

注：* 表示 $P<0.05$；** 表示 $P<0.01$。

限于篇幅，本书略去工程项目对其他两种利益相关者（项目管理团队、承包商）利益要求的描述性统计以及需求均分差异的配对样本 T 检验结果，只把最终分析结果列在工程项目与利益相关者双向利益要求体系表中（见表 3-3）。

三、研究结论

根据以上分析结果，将工程项目和三种利益相关者的双向利益要求条目，按照重要性进行排序，可以得到工程项目与利益相关者之间的双向利益要求体系并形成工程项目与利益相关者双向利益要求体系表（见表 3-3）。

表 3-3 证实了此前的假设 1 和假设 2，即工程项目不同利益相关者对企业有不同的价值、利益要求和期望，并且相同的利益相关者对各种利益要求和期望的重视程度也存在一定差异；工程项目对其不同的利益相关者有不同的价值、利益要求和期望，对同一种利益相关者也存在多种利益要求，工程项目对这些需求的

重视程度存在一定差异。工程项目和利益相关者这种双向利益要求的客观存在，同时证明了项目管理和利益相关者之间要建立相互依赖、相互支持的双向互动关系，如果双方不满足对方需求，互动关系就无法建立起来，双方的满足状况都将受到损害。工程项目的发展需要各利益相关者的支持，工程项目与利益相关者彼此满足对方的需求，是建立良好互动关系的基础。

第五节　本章小结

本章通过文献回顾，分析了项目管理的本质和项目关系管理的重要性。从社会契约理论和契约的不完全性角度分析了项目和利益相关者关系的产生根源。通过项目关系管理工具"利益相关者环"在实际项目案例中的应用研究，探讨了这种实用型项目和利益相关者关系管理工具的应用价值，并分析出其不足之处。最后，采用实证分析的方法，验证了项目利益相关者关系的假设：不同的利益相关者对工程项目的利益期望具有差异性，并且同一利益相关者对不同的利益期望重视程度上具有差异性。工程项目对不同利益相关者的利益期望具有差异性，并且对同一利益相关者的利益期望重视程度上具有差异性。研究结果表明，项目管理和利益相关者之间要建立相互依赖、相互支持的双向互动关系，否则双方利益都会受到损害。

第四章　工程项目主体行为
风险识别与分类

项目主体行为风险是指由于主体的特定行为而给项目造成损失的可能性。项目主体包括业主单位、设计单位、承包商、监理公司等利益相关者，是项目的发起人、实施者和完成者，是工程项目中最活跃的生产力元素。项目管理应该从项目利益相关者的需求管理角度出发，有效地处理各种项目关系，降低项目生命周期不同阶段的各种不确定性，维持与增强项目管理者同项目利益相关者的沟通互动关系，运用各种管理工具和技能，保障项目顺利运行。因此，基于利益相关者视角的工程项目主体行为风险研究不仅具有理论意义，更具有现实意义。

第一节　风险认知

一、风险概念辨析

由于对风险的理解程度和研究视角不同，国内外学者对风险定义并没有统一的认知，大致有以下几个代表观点：

（1）风险是事件将来结果出现的不确定性。

A. H. Mowbray（1995）称风险为不确定性；C. A. Williams（1985）定义风险是特定时间和特定环境下事件未来发生的可能性。

（2）风险是未来损失发生的不确定性。

J. S. Rosenb（1972）和 F. G. Crane（1984）认为，风险是指未来损失的不确

定性，这种观点形成关于风险认知的"主观说"和"客观说"。"主观说"认为事件发生与否、发生时间、发生范围以及发生损失的大小和严重程度都难以用客观尺度来描述，不确定性只能是指人们在心理和主观上对客观事物的一种近似估计。"客观说"认为风险存在有它的客观依据，发生的频率和损失具有一定的客观规律，是可以用统计学和概率分布函数加以刻画的。

（3）风险包括事件发生的可能性和损失程度两方面。

Williams（1993）认为，风险是行为主体蒙受损失发生概率及其损失程度的函数，函数形式为：$R = f(P, C)$，其中 R 表示风险，P 表示不利事件受损的概率，C 表示损失后果。这样定义风险是个二维概念，可以用发生的概率和后果大小两个指标来进行测量。王明涛（2003）总结各种定义后认为：所谓风险是指由于不确定性因素的综合作用，决策方案在特定时期内出现负面结果的可能性和损失的可能程度。

（4）风险是风险要素综合作用的结果。

蒲勇健和郭晓亭（2002）定义风险："风险是在特定时期，以风险因素作为必要条件、风险事件作为充分条件，行为主体承受风险结果的可能性。"

（5）风险具有不利和机会的两面性。

美国 PMI 对风险下定义："项目风险是一种不确定的事件或者情况，一旦发生，会对项目目标产生某种正面或负面的影响。"欧洲项目管理协会对风险的定义是："项目风险是一种不确定的事件或一系列环境的整合体，当其发生时会对项目的目标绩效产生影响。"澳大利亚和新西兰风险管理标准（AS/NZS 4360）定义"风险是指事件发生的可能性，可能对目标产生正面或者负面的作用"。

研究学者分别从不同角度认识风险的本质。向鹏成认为"项目风险产生的根本原因在于项目主体信息的不对称"。不确定性的实质就是一种信息不完全状态，如果增加信息的透明度，不确定性就减少了，风险随之减小。如果存在信息不对称，就容易引发项目行为主体的逆向选择和道德风险。显然信息的不完全性就是产生项目风险的根本原因。杨玉武（2008）认为，知识缺口是造成项目风险的根本原因，项目风险是由环境因素和知识因素共同形成的。只有项目管理团队有效弥补项目知识的缺口，才能有效降低风险的发生。

风险的第一层含义是事件结果包含对自己不利的成分，当然也并没有完全排除结果对自己有利的可能性。第二层含义是预期收益的不确定性。如果这种结果的不确定性经过统计分析证明不会令行为主体感到不满意，也就不意味着风险。

所以说风险包括事件发生的不确定性和发生结果的不确定性两个方面含义。奈特在《风险、不确定性和利润》中区分了两种"不确定性"，认为风险是一种人们可以度量其概率分布特征的不确定性，人类可以根据历史资料信息推测未来发生的可能性；而纯粹的不确定性则意味着人们的无知，表示人们根本无法猜测过去没有发生过的未来事件。按照奈特的逻辑，保险业和精算师往往只考虑事件发生的不利概率和损失程度，而风险投资家和财务管理者更注重风险的双重性。风险的定义可以表示为图4-1。

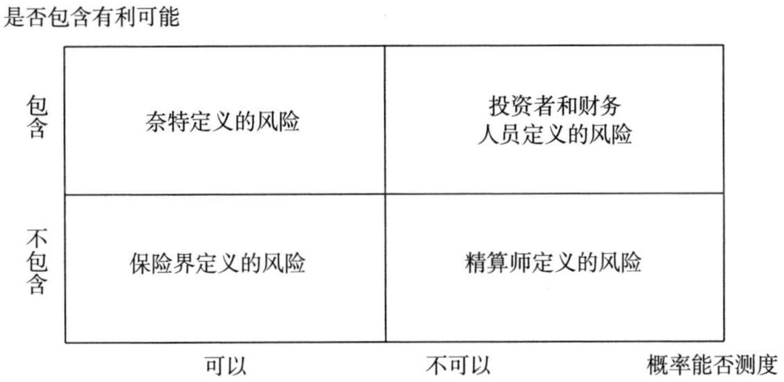

是否包含有利可能

	可以	不可以
包含	奈特定义的风险	投资者和财务人员定义的风险
不包含	保险界定义的风险	精算师定义的风险

概率能否测度

图4-1 风险定义的内涵和外延

二、对传统风险定义的扩展

传统的项目风险定义意味着概率理论是分析风险的基础，这一点在上述标准定义中都有所体现。但是其他领域如以经营管理、金融风险管理已经意识到不能单纯依靠概率理论解决不确定性问题。事实上，由于理论某些前提假设的限制，概率论也很难完全解释项目管理实践中的不确定性。

传统的风险分析范式是期望效用理论，其基础是概率计算，而概率论的应用前提假设包括：①对未来可能状态的认识；②理性假设；③无摩擦交易；④随机事件；⑤重复性；⑥可比性；⑦目标最优化。但项目实践中上述条件难以满足，因而可能会掩盖人类知识的不完备性，使决策者产生"精确"的错觉，结果决策不正确。

概率理论的应用限制体现在以下几点：

（1）概率论的基础是随机性假设，但项目行为主体的行为多是有计划性的、自觉的。概率论假设事件的发生都是相互独立的，彼此之间没有信息的传递，很少有项目发生这种情形。Trigeorgis（1996）认为，项目经理面临两种类型的不确定性，一种是随机型变量，这种情形下概率论是适用的；另一种是非随机型变量，比如说人们的目标行为，这时概率论不再适用。

（2）项目的一次性、临时性和唯一性特征削弱了概率统计的可靠性和相关性。前一个项目结束后其信息很难推广到其他项目，每一个项目都是特定人群的创造性活动。概率论是通过无限次的重复实验从而找出事件发生的总体趋势，每一个事件和其他事件都是相互独立的，且权重相等。对每一个事件而言，总体趋势并不能告诉我们太多的信息和结论，对单独的项目也是如此。

（3）概率论假设未来是可预测的，而项目存在大量的不确定和不可预见性，尤其行为主体的行为导致未来状态是不可预料的。人们的信息处理能力是有限的，即使群体智慧可以减少失误，但仍旧难以做到决策的尽善尽美。传统项目管理方法是把复杂问题通过工作分解结构和层次划分，变成一块块容易理解和执行的工作包。这种还原方式缺失帮助我们处理复杂的问题，但同时容易破坏项目的整体性。人们可以获取项目未来的某些信息，但是很难掌握全部，这也限制了概率工具的使用，还需要其他方法的辅助才行。

（4）人们自身知识体系的不足使决策很难获得事件全部的信息。那么，项目未来的状态不可避免地包含奈特所谓纯粹的不确定性和未知的一面。奈特定义风险是可以测度的那部分不确定性，也是未来状态可以用概率描述的部分。而概率不能测度的部分就是纯粹的不确定性，它依然可能带来不利的影响。未知部分不代表不会对项目产生负面影响，更不代表项目经理不对其进行风险管理。

（5）虽然存在不可测度的不确定性和未知，但是随着项目的进程人们的知识得以传递，项目计划随之调整，概率论很难反映这一特性。在项目初期，概率分布确定后指导项目经理理性地执行计划从而获得最大产出，这是静态过程，缺乏管理的能动性。事实上，风险随着项目进程动态变化着，项目初期由于存在大量的不确定性和未知，风险值应该最大。而在项目执行过程中，人们掌握了越来越多的信息并且彼此能动地交换知识，这种知识的传递使风险值变得越来越小。

（6）项目实践中，由于行为主体沟通语言的不精确性，既不易准确表述项目的各种参数和任务目标，也会降低概率应用的可行性。概率方法要求项目参数和成果描述是清晰的（crisp），就像无数次抛掷硬币那样，而现实中项目的约束参数和交付成果的描述往往是模糊的（fuzzy），存在很多"亦此亦彼"的模糊属性，即使是专业技术语言描述也不是完全精确的。项目管理之所以强调过程沟通的重要性，也与此有关联。在这种情况下概率方法很难刻画项目的不确定性，需要引入模糊集合方法来解决。

综上所述，对风险定义的理解应该是广义的风险，它包括可以测量的不确定性，即项目管理知识体系（Project Management Body of Knowledge，PMBOK）定义的"风险"，以及无法测度的不确定性和未知的因素。对于那些清晰明确的、离散分布的信息变量可以用概率来刻画，对于那些具有模糊属性、连续分布的信息变量可以用模糊数学来刻画。

三、基于利益相关者的不确定性

Turner（1992）给项目下定义："人力、财力和物力以一种独特的方式组织在给定的时间、成本等条件约束下，从事一项独一无二的工作，通过交付一定质量和数量的目标成果来获取结果有利的改变。"

从定义中看到项目过程中，独特性、唯一性、可变性是项目的本质特征，项目内在的不确定性要求项目管理的核心工作就是"对不确定性的管理"。项目风险管理要做到识别不确定性发生的根源，从而找出管理对策，做到项目管理具有前瞻性和应变性。

不确定性因素除了质量、进度、成本三大控制因素，更多的模糊性因素来自项目主体的特定行为。项目生命周期的前期阶段不确定因素最明显，表现在以下几点：

（1）项目相关数据估算的易变性。

（2）估算基准的不确定性。

（3）设计与配套工作的不确定性。

（4）项目目标与各级目标优先顺序的不确定性。

（5）项目行为主体之间基本关系的不确定性。

其中，最根本的不确定性来自第（5）点，正是项目主体之间存在角色认知、风险态度、项目资源占有的差异性，导致各利益相关者的利益诉求产生冲突，由此带来的风险形成前面的不确定性；而各种不确定性导致"项目估算的易变性"。

上面分析了利益相关者的项目关系可能引起项目的众多不确定性，那么利益相关者之间关系的不确定性根源在哪里？可能的原因有以下几点：

（1）显性契约中有无明确的利益相关者责任条款？

（2）利益相关者知道自己的项目角色和项目责任要求吗？

（3）项目管理与利益相关者之间的互动关系或者说界面管理关系和谐吗？

（4）利益相关者能够胜任项目对他们的期望和利益要求吗？

（5）正式契约的内容及其对各利益相关者的约束力如何？

（6）隐性契约与显性契约的关系如何？各利益相关者对隐性契约态度如何？

（7）是否形成有效的利益相关者关系冲突和风险控制机制？

风险管理过程同时是协调各利益相关者利益的过程。不同的利益相关者个体，在特定项目中拥有的技术优势、人力资本、实物资本等资源条件差异很大，各自承担的风险范围和职责以及利益目标亦不相同，在很大程度上限制了他们对风险的管理能力。例如，材料供应商可以做到建筑原材料的及时供应且保障质量的可靠性，而建筑材料的使用方法和施工技术由承包商掌握，某些工艺工具设计由设计公司提供，供应材料的质量把关和施工进度成本的监督由监理公司完成，它们既可能相互制约，也可能相互合谋损害业主利益，风险随之产生。项目管理团队应该善于通过监督、协调和激励等手段和协调项目各利益相关者之间和项目的利益关系，从而最大限度地发挥各方的主观能动性，做到长短结合、优势互补，最大化优化项目资源配置，达到降低风险的目的。

第二节 工程项目风险分类

项目风险具有客观性、不确定性、相对性、对称性、不利性、普遍性等特征，从认知学角度看，风险是指在一定条件下和特定时期内，预期产出同实际产出之间的变动程度。对于个体而言风险很难预测，但对于大量同质个体组成的总体来说，某种风险在某一时期的发生具有某种规律性，可以用概率加以测度。

一、风险形成的三个要素

风险的形成是由风险因素、风险事件、风险损失三个因素相互作用且递进联系所呈现的结果。

风险因素既是指能够引发和增加损失频率或者损失程度的因素。对于最终风险损失而言，风险因素既是导致损失的潜在条件，也是导致损失的内在的、间接的原因，因而也被称为"风险条件"。风险因素分为物质性风险因素和人为风险因素。物质性风险因素属于有形的因素，比如建筑材料质量存在严重缺陷即属此类因素。人为风险因素又可分成道德风险和心理风险因素，前者是指行为主体主观上的不诚实、道德品质有问题，如在施工过程中偷工减料的行为即属此类；后者是指由于行为主体主观上的疏忽、过失、不够谨慎、不作为等与心理有关的因素，如监理偶尔偷懒不去现场监督。

风险事件是指直接导致损失产生的偶然事故，对于个体而言有其偶发性；对于总体而言具有必然趋势。承包商偶尔的偷工减料未必引发某个工程的事故发生，但是经常性的此类行为就容易导致诸如楼房倾斜、桥梁坍塌等此类事故的发生。风险事件是损失发生的媒介物，也是风险损失形成的外在原因和直接原因。

风险损失是指非预期的、非故意的、非计划性的经济价值的减少，包括物质上的和精神上的损失。损失形态包括直接损失和间接损失，间接损失包含额外费用支出、预期收入损失、契约责任损失等。

风险因素、风险事件、风险损失三个因素构成一个有机统一体，风险因素不断增加、组合、成长最终导致风险事件发生，所以它是风险损失发生的必要条件。风险事件的发生是风险损失的充分条件。三因素相互影响且递进作用，使预期结果与实际结果产生差异，这就是风险的形成机理。三因素的因果关系如图 4-2 所示。

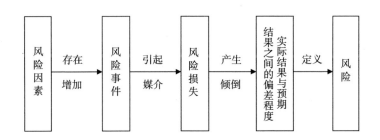

图 4-2 风险三因素的因果关系

Williams（1981）认为，有两种理论揭示了三因素之间的因果关系。一种是 H. W. Heinrich 的"多米诺骨牌理论"，另一种是 William Hadden Jr. 的"能量释放理论"。前者认为，三种因素之所以相互作用像"骨牌"一样倾倒是因为人的错误行为使然，强调人的因素作用；后者强调物理因素，认为风险发生是因为承受的能量超过其能够承受的能量极限所致。在风险防控措施方面，前者注重人员培训以及安全教育预防为主，避免人为因素导致风险发生；后者注重应用物理工程方法阻碍风险因素的能量释放，减少风险因素的存在。

二、风险的一般分类识别

项目风险具有客观性、不确定性、相对性、对称性、不利性、普遍性等特征，从认知学角度来看，风险是指在一定条件下和特定时期内，预期产出同实际产出之间的变动程度。对于个体而言风险很难预测，但对于大量同质个体组成的总体来说，某种风险在某一时期的发生具有某种规律性，可以用概率加以测度。风险因素识别是风险管理的基础和前提条件，通过对项目过程中的潜在风险因素系统地、连续地识别，推断以及归类，找出风险因素存在的原因、表现特征及逾期后果，可以有效地预防和降低风险发生的可能性。

风险分类的标准并不统一，分别可以从风险发生的原因、背景环境、风险造成的后果、风险产生的损失形态、风险后果的承担者、风险的可否管理性等几个角度来划分。

按照风险产生的原因可以划分为：自然风险、社会风险、经济风险、政治风险。自然风险是指由于物理过程和物质性风险因素导致损失发生的风险，如自然灾害、恶劣气候等因素。社会风险是指由于个体或者团体的异常行为导致社会的不稳定和秩序破坏，如征地拆迁、环境保护、人权保护等。经济风险是指经济活动过程中出现的因供需失衡、经营不善、市场波动等经济因素造成损失的可能性，如汇率风险、物价风险等。政治风险是指由于国家主权行为引发的或是其他问题引发的造成损失的可能性，如法律的制定和修改、税收政策的变化等不确定因素。

按照风险形成的背景环境可以划分为：静态风险和动态风险。静态风险是指由于自然力量的变化和人为因素造成的损失可能。美国学者 A. H. Willett 把静态风险细分为：财产损失、员工伤亡、管理层变动、契约行为、员工犯罪损失风险和间接风险。动态风险是指由于社会、经济、政治体制、技术水平、组织环境等发生变化带来的风险。包括生产风险、行销风险、人事风险、金融风险、货币政策风险、创新风险、政治法律和国际态势风险。

按照风险造成的后果可分为纯粹性风险和投机性风险。A. H. Mowbray 首先提出，纯粹风险是指风险结果只有两种可能："没有损失"或者"只有损失"的一类风险，个体蒙受损失，社会总体也蒙受损失，是风险管理的主要对象。投机性风险是指结果可能为："没有损失""获利""损失"中的一类风险，常见的情况如金融市场的投机交易，个体可能受损，但总体未必受损。

按照风险产生的后果形态可划分为财产风险、人身风险和责任风险。财产风险是指财产蒙受灭失、损毁和贬值的损失后果。人身风险是指与人的生老病死相关的损失风险。责任风险是指由于行为主体的特定行为导致他人受损，按照契约或法律规定必须承担一定的责任风险。

按照风险的可否管理和控制性可分为可管理风险和不可管理风险。风险的可管理性是指风险是否可以预测和有效控制，管理的有效程度同风险管理的成本投入和风险管理收益之间的定量关系相关，管理团队的风险管理经验和技术能力以及对风险的客观信息之掌握决定了风险管理的有效性。自然因素风险可预测性较小，可管理性较差；道德风险属于可以预见的主观风险因素，可管理性较强。

三、基于利益相关者的项目风险分类

综合以往诸多工程项目风险分类方法，可以发现大多从某一个或某几个孤立的因素研究风险形成的机制和管理对策。Chen H.、Hao G.、Poon S. W. 和 Ng F. F.（2004）等通过对中国香港西线铁路项目的案例研究，提出 15 种主要风险清单，并根据风险因素对项目成本的影响将其划分为三大类：资源类因素、管理类因素、起源类因素。其中，建筑资源如材料、设备和劳动力的价格上涨风险应首先被考虑，因为这些资源的成本决定了整个项目的直接成本。管理类风险因素主要包括项目成本预算不准确、供应商或分包商违约等，对项目成本的绩效影响较大。在风险识别、分析和应对过程中，自觉将风险管理程序应用于项目管理的决策过程。

基于实证研究和问卷调查的基础，Shen L. Y. 识别出八种主要影响项目工期的风险因素，按照实际影响的重要性将其进行优先排序，并提出针对性措施建议。根据风险因素的性质 Shen 进一步把它们分为六大类，即财务风险、法律风险、管理风险、市场风险、政策与政治风险、技术风险。通过问卷调查可知，项目延迟风险被从业者公认为是最大的风险因素，针对从业人员的风险管理行为，项目研究人员提出了适用于各种风险情景下的风险评估分析技术。

Tam C. M. 等针对中国部分存在安全风险管理较差问题的工程项目进行跟踪

研究，旨在研究中国建筑业的安全管理现状，探讨建筑工地的风险活动，找出影响建筑工地安全的因素。针对项目承建商，研究识别出影响项目安全的主要因素有：高层管理者安全意识差、缺少安全培训、项目管理人员安全意识差、安全资源投入很少、操作疏忽鲁莽等。研究指出，政府部门应该在严格执法和组织安全培训计划方面发挥更加重要的作用。

另外，部分学者从项目生命周期不同阶段研究风险因素。Uher T. E. 和 Toakley A. R. 调查了项目设计阶段各种与项目风险管理实施相关的结构性和文化性风险因素，发现大多数项目人员熟悉风险管理知识，但是很少应用在项目设计阶段；定性分析过多而定量分析较少；在运用风险管理方面，资讯科技的应用和各种资讯系统的整合似乎比组织架构更重要；由于风险培训环节和专业技能发展的缺失，导致从业人员的知识基础和技能水平普遍偏低，进而妨碍了风险管理流程在项目实践过程中的普及应用。

结合一般系统理论的整体性研究方法和项目工作结构分解方法，Chapman（2001）把风险分成四个部分：环境、行业、客户和项目；提出项目设计阶段的风险如认知和刻画顾客需求的困难、预估时间和资源的困难、设计过程中测量项目进度的困难等。Chapman 同时提出，设计团队对风险源知识的掌握很大程度上影响项目设计阶段对于风险的识别。

基于利益相关者角度对项目风险分类，较早的研究学者有 Perry 和 Hayes，根据各种风险可能承受的对象，如承包商、咨询方、客户方进行风险分类识别。过于强调项目成本超支和时间滞后给项目带来的风险，认为风险管理主要运用于项目生命周期的三个阶段——交易前、可行性研究及投标准备阶段，涉及项目利益方及其关系管理的研究较少。

Patrick X. W. Zou 等（2006）综合项目利益相关者和项目生命周期两个角度探讨了不同项目阶段不同利益相关者相关联的风险识别并提出应对管理策略。管理建设项目中的风险已被公认为是一个非常重要的管理过程，而大多数研究都集中在施工风险管理的某些方面，而不是采用系统和整体的方法来识别风险，分析风险发生的可能性和影响。根据问卷调查和专家打分结果，从 85 种影响项目因素中筛选出 20 种关键风险因素，分类研究了不同利益人在不同项目阶段可能涉及的风险。

20 种主要风险如表 4-1 所示。

表 4-1 影响项目目标的 20 种主要风险及其英文缩写

主要项目风险种类	英文缩写
1. 项目工期过紧	TPS
2. 设计变更问题	DV
3. 政府机构繁冗的审批程序	EAP
4. 过高的质量或绩效预期	HPQE
5. 不充分的施工时序安排	IPS
6. 不合理的进度计划	UCPP
7. 施工程序的变动	VCP
8. 分包商管理水平低	LMCS
9. 客户要求变更	VC
10. 批准和其他文件不完备	IAD
11. 成本估计不完善不精确	ICE
12. 项目参与方缺乏协调	LCP
13. 专业技术人员和管理人员不充足	UPM
14. 熟练工人数量不足	USL
15. 政府官僚做派	BG
16. 一般安全事故发生	GSAO
17. 施工现场信息不足（土质测试和调查数据）	ISI
18. 分歧争议的发生	OD
19. 施工材料价格的浮动	PICM
20. 严重的噪声污染	SNP

表 4-2 风险、利益相关者和项目周期之间的关系

	可行性研究阶段	设计阶段	施工阶段	运营阶段
业主	HPQE TPS IAD VC	HPQE TPS IAD VC	HPQE TPS	HPQE
设计方	—	IPS ISI DV ICE	ICE IPS ISI	—
承包方	—	LCP	UPM LCP VCP UCPP SNP OD GSAO USL	—
分包方	—	—	LMCS	—
政府机构	EAP BG	EAP BG	EAP BG	BG
外部环境	PICM		PICM	

资料来源：Patrick. X. W. Zou，Zhang G，Wang J. Y. Understanding the Key Risks in Construction Projects in China ［J］. International Journal of Management，2007，9（25）：606，略有调整。

从表4-2可以看出，不同项目阶段出现的风险种类及其重要性是不一样的，相同的风险可能出现在不同的项目阶段，在同一阶段项目风险的影响重要程度也是不一样的；不同利益相关者在项目不同阶段关注和承担的风险种类也不一样。风险因素的动态性体现了风险复杂性特点，要求项目管理人员应该针对项目生命周期不同阶段出现的不同风险因素进行重点识别和分析，动态调整风险相应的管理措施。

四、工程项目主体行为风险分类

根据研究和实践结果，建筑工程项目风险来源主要有：项目外部客观环境造成的影响；客观事物本身具备的或然性；项目参与主体知识技能的局限性；项目参与主体对项目相关信息的掌控；项目参与主体的某些特定行为。

工程项目参与主体是项目过程中最活跃的基本元素，是项目的设计人、建设者和运营者，更是工程项目的利益相关人。这里项目主体泛指参与项目建设的各个利益相关人。项目主体的行为包括项目组织内部个体和组织行为、组织之间的竞争和合作行为，这些行为后果直接或间接导致风险事件的发生。

根据新浪网转发新华网报道的内容，2005年4月25日，日本一城际列车在兵库县尼崎市发生脱轨事故，与停在铁轨上的一辆汽车相撞之后，造成三节车厢出轨，一节车厢直接抛向附近一栋公寓楼，导致54人死亡，417人受伤，成为日本历史上较为惨重的火车事故之一。事故调查表明，列车在经过该弯道时，应该减速至70千米/小时，但是那位23岁的司机却没有按照规定减速，依旧保持117千米/小时的时速行驶，最终导致事故发生。

从以上案例可以看出，工程项目风险既存在客观因素（如技术风险、自然现象等），也存在大量主观因素（如个体素质和行为、风险意识不强、领导决策行为、安全培训不足等）。在科学技术越来越发达的今天，工程项目硬技术风险能够相对减少，而相关主体行为带来的"软技术"层面的风险因素问题越来越被受到重视。同时，客观风险因素导致的风险事件，一般很难预测，及时预测了一般处理措施只能是事后的被动应对，比如不可抗力事件的发生。而主体行为风险相对来讲具有前瞻性，可以通过理论研究和预警管理减少风险事件的发生，具有较大程度的可管理性质。

综上所述，总体上我们可以把建筑工程项目风险分为客观事件风险和主体行为风险两大类。项目客观事件风险泛指工程项目参与主体外部环境因素发生变化后给项目可能带来的风险损失。项目主体行为风险泛指因为项目主体的特定行为给项目可能带来的损失可能性。主体行为风险进一步可以分为内部风险和外部风险，内部风险是指某一项目主体组织内部可能的组织管理风险和组织文化风险；外部风险是指项目主体与其他项目主体之间以及项目主体与竞争合作对手之间的博弈风险。

第三节　工程项目主体行为风险识别

从风险可管理程度的角度把项目风险划分为客观事件风险和主体行为风险，客观事件风险是指与项目参与主体外部环境相关的因素发生变化从而引致项目可能的损失。主要涉及因素有：自然环境、政治形势、经济趋势、社会形态、市场环境、法律政策和科学技术因素等。本节主要研究工程项目主体行为风险的分类识别与分析，包括内部风险和外部风险。

一、主体行为风险内部风险识别与分析

风险管理的前提和基础工作是进行风险识别和排序，风险识别就是对各种存在于项目中的风险因素或不确定性因素，根据其各自产生的背景因素、表征特点以及预期后果，运用感知、归类或判断的方法进行识别和定义，进而对所有风险因素进行科学的分类和排序。

项目组织风险：组织风险是指由于组织内部结构形式、管理制度、管理方式、组织沟通等因素以及组织外部合作与沟通协调等因素给项目结果带来的威胁和损失的可能性。

组织风险主要涉及项目相关个体、项目团队、项目组织形态以及彼此之间的互动关系。

（1）个体因素包括：项目参与人员的能力、知识技能、心理压力、行为动机、情感和情绪、文化背景等。上述变量根据研究需要可以进一步细分，例如能力变量可以细分为年龄、学历、素质、经验等。依据不同利益相关者素质可以细分为普通工人的素质、技术人员的素质、管理人员的素质、监理的素质等维度。

（2）项目团队因素包括：项目的综合管理水平、沟通协调的有效性、对项

目任务的理解、分配和执行力、对项目进度和施工质量的监督等。尤其重要的是，项目管理团队能否准确识别项目利益相关者的利益需求，建立与维护同项目利益相关者之间的良性互动关系，是能否降低项目的复杂性、不确定性和风险的关键。

（3）组织环境因素包括：项目组织机构形式的有效性、组织工作流程设计、信息沟通渠道的通畅性、项目组织领导方式、组织内部沟通、组织奖励机制、组织风气等。

（4）组织中的互动关系：按照 Cooke-Davies T. 的组织定义："组织是一种由众多个体通过相关联的复杂响应过程彼此交互作用从而实现'涌现'的产物。"

项目组织是一种复杂的自适应系统，内部各种子系统彼此相互作用，相互影响和相互响应，存在于混沌的边缘；同时，对外部环境如各种利益相关者作出响应和适应。组织中的个体一方面有着共同的项目组织目标，行为表现为某种程度的趋同性和一致性，受到项目组织沟通对话模式的影响；另一方面不同个体有着自己的利益取向和各异的权利或影响力，这种多样性决定其必然对群体的行为作出反思和响应。人们的行为决策受到参与项目的能力、对组织沟通对话质量的敏感性、沟通渠道的畅通性以及人们对"焦虑"的掌控能力等因素的影响，这种"焦虑"来自对项目复杂性的不可预测以及个体与群体的某种冲突。

如果组织过程中互动关系良性发展，可能会触发组织学习创新的潜在能力，实现组织变更和创新，利于项目目标实现。反之，组织中的关系冲突会破坏组织成员之间的善意和相互信任，降低员工满意度，利益冲突的协调不当显然会对项目实施带来风险。

文化风险：文化风险是指项目组织内部和外部不同利益相关者由于存在文化因素差异甚至文化冲突从而给项目带来威胁和损失的可能性。

所谓文化，人类学家 Edward B. Taylor 早在 1889 年就下了一个宽泛的定义：文化是指一种复合体，包括知识、信仰、道德、艺术、法律、习俗以及作为社会的一员所获得的任何能力和习惯。项目文化是指围绕具体的项目，各利益相关者拥有的行为准则、意识形态、核心价值观等方面的综合。文化差异是指项目的利益相关者由于文化背景不同导致对于特定项目的价值判定标准和项目相关行为准则有所差异，进而影响人们对同一事物产生不同的看法和行为决策。显然，人们的行为受到文化因素的制约。

文化差异是客观存在的，普遍存在于组织内外部环境中。组织内部文化环境是指各组成成员具有经验技能、学习背景、语言种类、思维习惯、处世哲学等方面的差异；组织外部环境是指不同利益相关者存在利益取向、行为目标、价值判断等方面的差异。文化差异的存在不一定给项目管理带来负面的影响，不同文化的共存可能会形成知识互补、经验互补和思维互补等优势，有时还可能激发组织的创新能力。只有当文化差异失去控制并且演化成文化冲突时，才会给项目的沟通协调等管理带来困难。

　　文化冲突是指存在文化差异的人群在社会活动中，各自带着自己的文化感知和判断与他人相互交往，势必产生摩擦和对抗甚至企图消灭对方，如此冲突便是文化冲突。文化冲突的最后可能结果是或相互融合，或分隔式共存，或一方消亡，或相互促进。

　　美国学者爱德华·赫尔把文化冲突分为三个范畴，即正式规范、非正式规范和技术规范。正式规范是指人们固化的基本价值观，判别是非和做事选择的标准，它能有效对抗来自外部环境企图改造它的强制力量。因此，正式规范引起的文化冲突轻易不会改变。非正式规范是指人们的生活和风俗习惯等，由此引起的文化冲突可以经由长期的文化交流行为来克服。技术规范是指人们后天积累的技术、知识和经验等，比较容易改变。这就要求项目风险管理者要识别文化差异和文化冲突的类型，有针对性地采取应对措施。

二、主体行为风险外部风险识别与分析

　　项目主体行为风险外部风险主要指项目参与主体之间或同外部组织之间由于合作与竞争等行为从而给项目带来损失的可能性，一般包括合同风险、竞争风险等内容。

　　1. 合同风险

　　围绕特定的工程项目，工程项目各参与主体之间存在众多类型的合同，涉及材料供应、施工建设、委托监理、勘察设计等方面。有些是通过契约形式发生直接联系，有些是间接的契约关系，如图4-3所示。

　　合同风险的存在是客观的不确定因素，由于项目的特殊性和复杂性，合同履行的周期性，各利益相关者的需求多样性以及信息的不对称性，诸多因素综合作用导致合同风险的产生。按照参与主体的行为特点可以把合同风险划分为客观性合同风险和主观性合同风险。

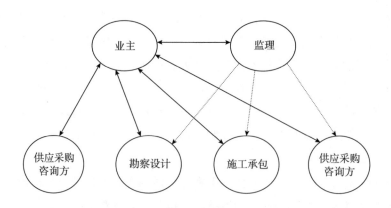

图4-3 各项目主体之间的合同关系

（1）客观性合同风险：客观风险是由于合同涉及的法律法规、国际惯例以及合同本身特点所决定的，是合同当事人难以规避的，只能选择承担。表现形式有工程变动风险、时间效力风险、变动价格风险等。

（2）主观合同风险：是由于主体的行为因素引起的也是可以得到控制的合同风险。一类是由于各利益相关者彼此掌握的项目信息不对称，在制定合同条款的过程中利用有利的地位，使合同条款规定的双方责任划分与权利不对等，如房地产项目中常见的霸王条款；另一类主要是在合同履行过程中，一方违背合约规定从而造成另一方的利益损失，比如结款和索赔的风险。

根据研究需要，合同风险还可以进一步细分，如合同条款缺陷带来的风险可能涉及以下几点：

1）合同工期规定不明确，对可能延期没有约定惩罚性条款造成的风险。

2）合同条款的表述不严密、不细致、模糊性，内容规定不具体、易生误解造成的风险。

3）对可能存在的通货膨胀引起的材料价格和物价上涨没有订立相应的调整措施而带来的风险。

4）工程量估算不准造成工程项目事后的费用追加索赔风险。

5）对于工程质量的验收标准规定不够详细具体而带来的质量风险。

6）工程价款的预付和支付条件、结算流程、时间约定不完善造成支付风险。

7）合同技术条款规定的技术规范不够明确，可能带来施工过程中技术选择失误从而带来进度延误或者费用透支的施工建设风险等。

2. 竞争风险

来自同行业参与主体之间的竞争，主要发生在承包工程项目的初期招投标阶段。项目参与主体针对特定项目的价格策略除受到招标方案的制约，还受到同行业其他竞投对手出价策略的影响。从知道招标到响应招标，风险随之伴生。编制招标文件，估算工程造价过高可能有不中标的损失，价格低可能造成亏损的风险，因此招投标阶段如何控制价格是最重要的事情。

招投标过程中，招标方仅仅知道招标标的物的真实价值的分布函数及可能的最大值和最小值，并不知道投标方各自的确切生产成本以及可能递出的报价。而每个投标方仅知晓自己的确切生产成本，并不知道竞投对手的确切成本，但是对同行业对手可能的成本范围有一个主观判定。显然，这种行为博弈属于不完全信息静态博弈。

设各投标主体 i 对其他竞标对手的确切成本估计概率为 $P(c_{-i}|c_i)$，则有式（4-1）：

$$P(c_{-i}|c_i)=P(c_1, c_2, \cdots, c_{i-1}, c_{i+1}, c_n|c_i)$$
$$=\frac{P(c_1, c_2, \cdots, c_i, \cdots, c_n)}{P(c)} \tag{4-1}$$

假定行为主体的行为特征具备：

（1）经济人假设：人们的行为是为了追求自身经济利益最大化。招投标过程中，双方的行为目的是减少中间交易环节和费用，避免行为的不确定性带来的损失风险，实现资源的优化配置。

（2）有限理性行为假设：人们的行为选择具有有限理性的特点，这是由外部环境复杂性和认知能力有限所决定的。

（3）投机倾向假设：是指人们为了自身利益最大化，可能去投机、"寻租"，甚至损害他人的利益，存在这种行为的倾向。

假设竞标主体有 N 个，一般招标规则有 N≥3。投标主体 i 的成本为 C_i，报价为 B_i，效用函数表达为 B_i-C_i，假定投标主体和招标主体都是风险中性的。投标主体的支付函数可以表示为：

$$U(B_i, B_j, C_i)=\begin{cases} B_i-C_i, & \text{设若 } B_i<B_j \\ \frac{1}{n}(B_i-C_i) & \text{设若 } B_i=B_j \\ 0 & \text{设若存在某个 } j, \text{使 } B_i>B_j \end{cases} \tag{4-2}$$

此处假定设若 N 个主体报价相等，工程项目在 N 个投标主体之间随机分配；实际上，在连续分布函数中，报价 $B_i = B_j$ 的出现概率为零。

假设投标主体的报价 B_i 是其成本的严格递增可微函数，由于博弈过程具有对称性，仅需考量对称的均衡报价策略：$B = B^*(c)$。给定 B 和 C，投标主体 i 的期望支付函数为：

$$U_i = (B-C) \prod P(B<B_j) \tag{4-3}$$

模型（4-3）中，（B-C）表示投标主体以 B_i 价格中标所净得效用，$\prod P$（$B<B_j$）表示投标主体 B_i 通过竞标过程分别战胜其他每一位竞争对手的概率。显然模型假设投标主体 B_i 对于每一竞争者的胜概率是相互独立、互不干扰的，并且用这些胜概率计算其投标过程中战胜所有对手的概率。

因为 B_i 是严格递增，则有 $p(B<B_j) = P(B \leq B_j)$，故：

$$\max_B (U_i) = (B-C) \prod P(B-C) = (B-C)[1-\Phi(B)]^{(n-1)} \tag{4-4}$$

式（4-4）最优化一阶条件：

$$[1-\Phi(B)]^{n-1} - (B-C)(n-1)[1-\Phi(B)]^{(n-2)}\Phi'(B) = 0 \tag{4-5}$$

解微分方程得到：

$$B^*(C) = \frac{1}{n} + \frac{(n-1)C}{n} \tag{4-6}$$

可见 $B^*(C)$ 随着 n 的增大而减少，当 n 趋向无穷大时，$B^*(C)$ 无限趋近于 C 值。也就是说，投标主体数量 n 越多，投标的报价就越低；当 n 趋向无穷大时，投标方支付价格几乎是其生产成本，而招标方几乎得到成本造价。因而，吸引更多的投标主体对于招标方非常有利，当然对于竞投方相当不利。

M. Gates 提出一个上述模型的改良模型，使用式（4-7）直接估算投标主体的赢概率。

$$\frac{1}{1 + \sum_{\substack{j=1 \\ j \neq i}}^{k} \frac{1-p_{ij}}{p_{ij}}} = P_i \tag{4-7}$$

式中，p_{ij} 投标主体 i 报价低于 j、也就是说，i 对不同的主体 j（1，…，k）的赢概率，P_i 是其最终赢得项目合同的概率值。上述模型使用条件是，对于特定的项目合同，投标主体之间有互动，包括人员信息等要素沟通，投标主体 i 有机会获得每一位竞争对手的充分的投标信息数据，否则 p_{ij} 无从估算。当无从掌握对手的报价信息情形时，公式简化为：

$$P_i = \frac{1}{n \times \left(\dfrac{1 - p_{typ}}{P_{typ}} \right)} \qquad (4-8)$$

其中，P_{typ} 表示投标主体 i 战胜一个具有代表性的典型竞争对手的赢概率。

从上述模型使用条件我们可以得出几点结论和启发：

（1）经过项目的不同参与招投标主体之间的不完全信息静态博弈行为分析，可以测算出一个较有效率的贝叶斯均衡价格，对项目资源在各参与主体之间合理分布是有意义的。

（2）支付（收益）函数是由两方面因素共同决定的，（B-C）代表投标人的净所得，而赢概率 P_{ij} 要求报价 B 需小于所有对手的报价 B_j，因而 B 报价值不可以过高，如此又削减净收益。要求我们既要准确估算自己的项目成本，还应该对其他竞争可能的报价区域进行估算，二者取得平衡。

（3）报价准确的基础和前提是建立在对招标方意图的充分了解和对各种潜在的竞争对手可能采取的竞争策略的正确预测，所谓"知己知彼"。

（4）尽量与行业市场的竞争对手保持一定程度的合作与互动，彼此交换信息和情报。尽可能知道市场上潜在竞争对手的最大数量 n，关注某些新的生产工艺和技术信息，对于测算竞标方的成本函数有所帮助，防止意外落标。

（5）项目招标主体的标底和投标主体资格条件设置要合理。过高的标底导致自己利益受损，过低的标底容易流标，即使有人中标，也可能为了利益最大化采取偷工减料、事后索赔、追加预算费用等手段，一样给项目造成风险。投标主体资格门槛设置过低，竞标方数量 n 足够大，可能会压低价格，但是难免会有些资质不合格的小规模公司浑水摸鱼；门槛过高，竞标方数量 n 值过小，中标价格偏高则会给招标方带来利润损失。要把握好"度"，同样要求招标方充分调研市场信息，尽可能了解投标方的生产成本和可能报价区域。

第四节 利益相关者视角下的项目主体行为风险分析

项目管理团队应该把利益相关者管理作为实施项目风险管理的一个重要组成部分。当然，利益相关者管理并非仅是风险管理的部分角色，它对于整个项目的实施和成败意义重大。利益相关者管理贯穿于整个项目管理过程，通过报告和监控利益相关者互动策略的实施，可以对利益相关者对于项目风险的容忍程度，对于项目的支持力度，对于项目的真实期望等方面信息形成全面的认知，然后选择和调整项目风险管理的策略。

一、风险特征分析

工程项目建设周期长、规模庞大、行为主体范围广泛、风险因素数量众多且关系错综复杂，基于利益相关者的主体行为风险具有下列特征：

（1）客观普遍性。无论是由于外部环境的不可抗力因素，如天气、地质、技术、宏观经济状况，还是由于组织内部行为、文化冲突等因素所引起的，风险的存在和发生是客观普遍的，并不以人们的主观意志而转移。项目风险管理者只能根据自己的知识技能和经验，发挥主观能动性去认识和响应控制。工程项目风险是不能也不可能被完全消除的，管理者只能在有限的范围内，采取某种措施改变风险存在发生的外部条件，从而降低其发生概率和减少损失程度。

（2）不确定性。项目组织的一次性、唯一性以及项目系统环境条件的复杂性，决定了项目风险存在的不确定性。Stephen 等把项目风险划分成五类，包括人们主观预估的不确定、预估根据的不确定、项目设计不确定、项目目标及优先次序不确定、项目利益相关者之间关系的不确定。

对特定项目活动的三大要素时间、质量、成本的预估可能会因为受到下列因素限制而变得不确定，即缺少清晰的细节描述、创新的要求、经验的匮乏、分析能力不足、影响项目的特定事件发生等。

项目目标的不确定主要是因为项目利益相关者的主观期望会随着时间的推移和信息的变化而重新定位。世界各地摩天大楼的建造过程较能体现这一情形，迪拜哈利法塔的高度目标一变再变，从最初设计不足 700 米的目标到最终落成达到828 米。高度的改变自然带来成本费用、工期拖延、设计变更、新技术应用等一系列不确定性。造成目标调整的原因，可能有投资人和业主追求世界第一高度的野心、设计师追求设计高度纪录的欲望、地方政府出于城市形象塑造的考量等人为因素。

（3）动态性。一般建设工程项目周期很长，从项目立项和可行性研究到项目竣工验收和运营要经过许多阶段，每个阶段的项目内容、范围、任务和目标各异，不同阶段的利益相关者也会有差异，各利益主体对于项目的工期进度、工程质量、投资成本控制不易协调，各种不确定因素的质和量会随着项目进程而动态变化。某些风险可能暂时得到控制，新的风险可能会随着时间推移而产生。

总体来说，随着项目的相关信息和知识技能的发掘，项目的不确定性是递减的。例如，某个建筑工程开发项目的风险变动如图 4-4 所示。

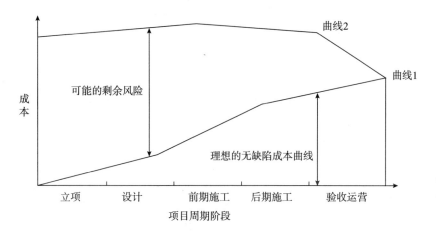

图 4-4　项目阶段风险变化

图 4-4 由两条成本曲线构成，曲线 1 表示项目按预订计划进展，没有出现失误和返工现象。曲线 2 表示施工过程中的不同时点可能出现了差错、施工补救甚至返工的风险事件。两条曲线之间的面积部分代表项目过程的不确定性导致了成本的增加，可以看出代表不确定性因素的面积部分开始较大，逐渐减少直至为零。

（4）复杂性。项目风险的复杂性体现在风险的可变性、结果的不可测性、项目组织的临时性以及项目所处大环境系统（利益相关者群）表现出来的非线性特质等方面。

工程项目主体的行为风险是个体因素、组织因素、项目环境因素以及彼此之间相互依存、相互作用的结果，涉及利益相关者的需求、动机、心理、价值观、组织结构、组织文化、互动关系等多个方面。个体行为能够自组织群体结构，群体结构影响组织行为，反过来又用于个体行为，彼此关系交错复杂，呈现复杂多变性。

主体行为风险不像客观风险事件容易被预测衡量，客观风险因素具备反复出现、分布均匀、客观随机性等特征，可以运用仿真模拟等概率方法来测度。主体行为风险属于软性风险范围，人的行为具有自觉性、不可预测性、主观意识性强等特点，很难依靠单一的概率方法去测量，而项目的一次性、临时性和唯一性等特征也削弱了概率统计的可靠性和相关性。鉴于项目的独特性和概率方法的不足，目前测量主体行为风险因素主要以主观判断方法作为评价工具。

工程项目作为多个参与主体的利益综合体，各利益相关者作为有限理性行为的经济人，势必存在多方利益冲突的可能。而项目管理团队作为一个复杂适应性组织，需要对组织外部环境（例如，利益相关者）作出响应和适应。项目的不确定性和不可预测性要求项目管理者关注利益相关者的期望和变化，随时期待和迎接"不确定性"，用"沟通"技能替代以往的"控制"工具。这里似乎有个悖论，管理者一方面要放下"控制"的错误期望，减少与项目"确定性"有关的技能，另一方面还要持续地争取可预期的和可靠的项目成果。

（5）风险相对性。尽管项目风险是客观的、普遍存在的，但是工程项目中各利益相关者的利益需求、目标导向、价值观、群体规范、组织结构、规模实力、文化氛围、社会网络结构位置等方面大相径庭，对于同一风险的承受能力和风险态度存在差异，所以行为风险具有相对性，主要表现在下列几个方面：项目风险影响的相对性——同样的不确定性事件，对某些群体是有利事件，对其他群体可能就是不利的，比如对项目环境保护的严格要求；项目风险承受能力的相对性——如项目进度延期对于设计方是可以承受的，而施工方和业主的成本和间接损失令其难以承受；风险相应措施的相对性——如对于项目后期造成的环境污染治理，社区居民和政府部门要求项目管理方不遗余力地做好处理工作，而项目方可能出于费用考虑，采取比较简单的应付性的处理措施。这种风险相对性带来的分歧累积到一定程度可能会引发严重的冲突，给利益相关者带来更大的风险损失。

（6）可管理性。客观风险因素如政治、经济、自然环境等，虽然有些可以预测其发生的可能性，但是很难主动去控制和管理，一般只能被动地承受或者回避，可管理性较差。而主体行为风险具有不同程度的可管控性，大部分风险因素是可以凭借管理者的理论研究和工作经验预测其发生的可能性，而后可取相应的预先管理措施加以消除或者转移。相比不可抗力等外部环境因素，主体行为风险可以通过利益相关者互动管理、建立激励制度、完善项目工作流程、营造良好的组织文化氛围、增强信任与合作等途径得以减低与消除的目的。

二、利益相关者视角下的风险分析

在第三章对主体行为风险进行分类识别的基础上，我们对一些常见的行为风险按照利益相关者的角度分类剖析其产生根源，并绘制成图表。由于行为风险具备多样性、复杂性、动态性、相对性等特点，项目实践中，有些风险因素的作用微乎其微，在风险评价时甚至可以忽略；部分风险因素发生的概率很低，即使发生对项目影响不大且在参与主体的承受能力范围之内。毕竟风险防范有个基本原则，就是防范风险引起的成本费用增加不可超过因风险事件发生带来的损失。

（1）与业主相关的行为风险。与项目业主有关的风险一般分为自然风险、经济风险和人为风险。这里主要探讨与主体的特定行为有关的人为风险（下同），包括业主的变更、不切实际的心理预期、项目进度计划过紧、资金融通困难、合同履约风险等。

"项目进度计划过紧"是排序最重要的风险类别。通常发生在项目的概念形成和可行性研究阶段，进度计划要切合工程实际情况，既不能过于紧张又要与设计和施工要求相适应。工期过长会增加项目直接和间接的成本，过于紧张会增加质量风险。"业主的变更"风险可能直接导致计划、设计、施工建设过程的一系列连锁反应，变更原因既可能是业主单方面的要求，也可能因为沟通不畅造成其他主体对业主的期望误读。"资金融通能力"会造成工程款支付困难、工期拖延以及间接的市场和金融风险。建筑工程项目业主常见行为风险如表4-3所示。

表4-3　建筑工程项目业主常见行为风险

风险类别	风险因素
计划工期过紧	可行性论证研究准备不够、业主期望值过高
组织管理能力	管理协调能力差、非程序干扰、下达错误指令、不正确执行合同
业主的变更	业主对进度和质量要求不切实际、设计方施工方误解业主需求
资金融通能力	资金支付困难、支付意愿不强
合同管理	条款不严谨、内容有遗漏、条款不易执行、修改标书合同条款
竞争风险	业主代表与承包商合谋、招标文件错误、标底制定不当
不能按时提供施工条件	报建审批手续拖沓、设计滞后、征地拆迁缓慢

（2）与承包商相关的行为风险。与承包商相关的行为风险包括组织管理、合同缔约和履行、施工建设、责任风险等方面内容。"组织管理能力"涉及施工管理经验不足、人财物管理困难、施工现场管理混乱、缺少项目各利益主体的协调、管理人员素质低下、施工计划准备工作不充分、合同管理能力差导致索赔困难等方面。"合同风险"涉及承包合同中存在不平等条款、罚则苛刻、保护主义

条款过多、合同条款定义不准确、内容有遗漏等。"竞争风险"包括投标信息失真、投标报价失误、招标方案决策和招标文件错误、保标和买标的风险。"施工建设风险"包括工艺和施工技术方案选择不当、施工安全措施不力、技术创新失败等因素。"责任风险"是指由于疏忽或人为过失等原因造成人员伤亡和物品设备的损失，包括职业责任风险、法律责任风险和替代责任风险。建筑工程项目承包商常见行为风险，如表4-4所示。

表4-4　建筑工程项目承包商常见行为风险

风险类别	风险因素
组织管理能力	人员素质不专业、缺乏协调、施工管理混乱、索赔困难、工序计划不当
合同风险	支付条件苛刻、条款定义模糊、合同理解分歧、保护主义条款
竞争风险	信息失真、报价决策失误、招标文件出错、保标和买标
施工建设风险	工艺技术选择不当、安全措施不力、技术创新失败、噪声污染
责任风险	承包商及其员工的疏忽、过失和恶意行为

（3）与设计方相关的行为风险。设计方的行为风险主要有以下几个方面："设计变更"风险通常发生在项目设计阶段，可能因为业主的意志变更或是由于设计图纸不完整、与施工方和业主缺乏沟通造成设计本身存在缺陷。"成本或进度预估不准确"可能因为设计方人员的素质低下、技术经验不足、风险态度以及与业主承包商沟通不充分。"施工现场勘察"不充分可能会影响挖掘、土方、地基工程的进度，一般来说，施工现场有关的土质勘探、取样分析工作应该早于任何设计流程，以便减少施工风险。建筑工程项目设计方常见行为风险，如表4-5所示。

表4-5　建筑工程项目设计方常见行为风险

风险类别	风险因素
设计变更	设计图纸不完整、业主意志改变、与施工方和业主缺乏沟通
成本进度预估不准	设计人员素质低下、技术经验不足、风险态度、沟通不充分
施工现场勘察不充分	土壤检测报告数据的有效性、工作流程滞后

（4）与监理方有关的行为风险。与监理工程师有关的行为风险包括："监理师违反合同规定越权操作"，监理师基于自身过去的经验和权力单方面指令承包商进行超出施工范围的操作，造成工程质量下降、费用上升、事故发生，给业主

带来损失。"未能正确履行职责"表现在监理人员没有按照监理合同规定对重要工序活动进行旁站监理，发出错误指令，质量把关不严造成不合格工程材料的放行，给工程带来隐患和实质性损失。"组织管理能力"风险表现在组织机构不完善影响正常监理工作，权责不明、缺乏激励机制造成监理工作效率低下，疏于合同管理、人员素质差、技术水平不够、业务不熟造成客观的损失。"职业道德风险"表现在监理的工作态度、偷懒、做出虚假监理记录以及与承包商合谋追逐自身利益，而损害业主利益。建筑工程项目监理方常见行为风险如表4-6所示。

表4-6　建筑工程项目监理方常见行为风险

风险类别	风险因素
违规操作	越权指挥、单方面下指令、违反监理规定
未能正确履行职责	指令错误、检测失误、质量把关不严
组织管理能力	组织机构不完善、人员素质差、技术经验不足、管理能力低下
职业道德风险	偷懒、工作态度不端正、虚报检测数据、与承包商合谋、故意刁难

其他项目利益相关者有关的主体行为风险：对于分包商来讲，一般同时把资源分配给若干项目以追求利润最大化，"组织管理能力低下"可能引起不同项目之间的资源配置冲突。对于政府机构来讲，"官僚主义作风"和"审批程序繁冗"是最大的风险，可能会影响工程项目的计划、进度、费用成本，也是承包商等很难控制的行为风险。政府机构及其代理人应该精简审批流程，提高办事效率，减少官僚作风。从项目管理人角度应该采取积极措施强化与当地政府的紧密联系，保持沟通顺畅，同时尽可能地把每一件事情白纸黑字记录以备查。关于材料设备供应商的行为风险来自"材料设备供应不够及时"以及"材料设备的质量不能保证。"

第五节　本章小结

本章首先分析了现有的各种关于项目风险的定义，指出传统的项目风险定义意味着概率理论是分析风险的基础。但是其他领域如经营管理、金融风险管理已经意识到不能单纯依靠概率理论解决不确定性问题。传统的风险分析范式是期望效用理论，其基础是概率计算。事实上，由于某些前提假设的限制，概率论也很

难完全解释项目管理实践中的不确定性。接着对项目风险定义进行扩展，广义的
风险应该包括可以测量的不确定性，即 PMBOK 定义的"风险"，以及无法测度
的不确定性和未知的因素。在此基础上，分析了利益相关者的主体行为带来的不
确定性，剖析了其产生根源。

其次在分析了传统的项目风险分类方法的基础上，指出其风险研究偏重于项
目客观事件风险研究，计算风险发生的概率和可能造成的损失程度，但对于项目
主体行为风险的研究始终是薄弱环节。提出建筑工程项目风险总体上可分为客观
事件风险和主体行为风险两大类。项目客观事件风险泛指工程项目参与主体外部
环境因素发生变化后给项目可能带来的风险损失。项目主体行为风险泛指因为项
目主体的特定行为给项目可能带来的损失可能性。主体行为风险进一步可以分为
内部风险和外部风险，内部风险是指某一项目主体组织内部可能的组织管理风险
和组织文化风险；外部风险是指项目主体与其他项目主体之间以及项目主体与竞
争对手之间的博弈风险。

最后对主体行为风险进行分类识别和定义，重点分析了组织风险、合同风
险、文化风险以及基于招投标主体之间不完全信息静态博弈行为的竞争风险，为
后文项目风险评价分析做了铺垫。

需要指出的是，这里的"主体"是指工程项目的参与者，即项目利益相关
者，不能简单理解为"主要的参与主体"。主体的需求和其影响力在项目的不同
阶段是不一样的、是动态变化着的。比如政府机构，在项目初期申报和审批阶
段，其影响力是显著的；而到了项目实施阶段其重要性相对变得较弱。

第五章　基于 SNA 的主体行为
风险管理研究

建设项目主体行为风险是由项目主体的特定行为产生的损失可能性，项目主体行为的产生同项目主体相互之间的项目关系以及各利益主体同项目系统内外的关系连接密不可分。本书尝试将社会网络分析（SNA）的理论方法与建设项目风险管理研究相结合，阐述了 SNA 的基本分析要素和应用模型，分析了 SNA 视角下的建设项目利益相关者的关系，探讨了 SNA 在建设项目风险管理应用中需要注意的问题，为建设项目风险管理提供了一种分析思路。

第一节　社会网络分析（SNA）概述

项目主体行为风险可能来源于企业组织结构、组织沟通方式、组织愿景、组织文化冲突、项目主体利益诉求、合作关系、竞争关系等多个层面。有效降低和管理建设项目主体行为风险，需要重点加强项目利益相关者项目关系和建设项目组织建设两个方面的管理工作。而社会网络分析（SNA）方法是近年来发展迅猛的一种社会网络关系研究方法，特别注重研究行为主体的相互关系和行为模式，借鉴 SNA 强大的解释功能与分析方法，进一步深入认识建设项目主体的项目关系及其行为特征，希望对建设项目主体行为及其风险管理有所裨益。

社会网络学（social network analysis）是社会学领域中发展迅猛的研究社会结构的一种分析方法。最早是人类学家 Barnes（1954）在研究挪威某渔村的阶级体系时使用"社会网络"的概念。社会网络是指社会的行为主体（actor）以及各主体间关系的集合。行为主体可以是人、群体、组织、国家等，行为主体之间的关系模式折射出的现象或属性是网络分析的目标。按照社会网络视角，行为人在社会系统的互相作用可以表达成基于某种关系的模式或规则，而这种模式反映了社会结构的属性特征，针对网络结构的量化分析是社会网络分析的基点。因此，社会网络分析关注的重点是行为主体关系及其关系的模式，研究方式和方法有别于传统的统计分析和数据整理方法。

社会网络分析相关的概念很多，如网络密度、向心度、网络中心势、社会连带、场力、对称关系等不一而足，并且有的概念并没有得到广泛认可。这里仅列出文中分析和测量可能用到的几个重要概念，位置概念可以参见图5-1。

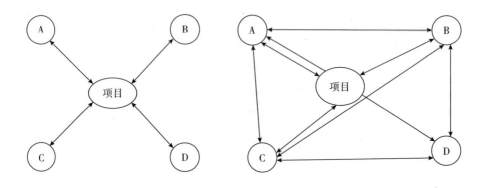

图 5-1 网络结构关系

Actor：行为主体，其实就是网络图中的结点（nodes），根据研究对象差异，结点的表达有 actor（研究人类个体或群体，也可代表组织），agents（研究体现代理关系），agent（代表某一组织利益的个体），elements（研究群体组织，要素或组织基本构成成分）。在项目管理中 actor 就是各项目利益相关者或是项目参与主体。

Ties：关系或纽带，是指行为主体之间的联系。也有用线（lines）或关联（connection）表达的，社会科学研究中，关联包含事件之间抽象的关系，社会网络分析专指关系的具体内容，是具体的行为主体之间存在的现实的互动和联系。资源通过网络联系进行传递和获取，如交易往来、物质流动和信息交流等。

Density：网络密度，描述整个网络关系的稠密程度，是指网络中行为主体实际存在的关系数量同网络最大可能存在的关系数量之比率。图5-1左边传统二元关系图谱中，只有 4 组关系，而网络最大可能联系数量是 10，密度较低。而右图是网络中每个行为主体都与其他主体相互关联，密度为最大值 1，这种类型的网络也叫全联网（clique）。

Centrality：中心度是指行为主体在网络中相对于其他主体的位置，用来标识其显著性或影响力。与科层组织中行为主体获得的正式权力不同，这里影响力是指行为主体因为其网络结构位置而获得的非正式权力。测量中心度有三种类型的指标，分别是关系度（degree）、邻近性（closeness）、中介性（betweenness）。

"关系度"是指某行为主体与其他主体直接关联的关系数量。关系度占有的数量多意味着该行为主体在获取各种网络资源时可以选择的渠道比较多。

"邻近性"是指某个主体到达其他主体的最短路径（最少路长，一条线是一个路长）。如图 5-2 所示，从 A 到 D 需要 2 个路长，从 A 到 J 需要 4 个路长。从某一主体到其他主体的路长数量越少，邻近性越好，意味着沟通顺畅。对于工程项目来讲，利益相关者网络的邻近性好，说明信息传递路径短，工期时间较少，费用成本较低。

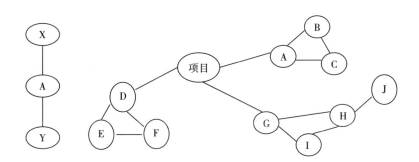

图 5-2 网络结构关系

"中介性"测量的是某行为主体（对应一个结点）恰好居于其他两个主体之间（分别与其对应的结点直接相连）的频率。如图 5-2 左图点 A 居于 X 和 Y 中间，由于点 X 只能通过点 A 与点 Y 联系，因而可以认为 A 完全控制了 X 与 Y 之间的资源流动和交换。所以"中介性"反映了某利益相关者控制其他利益相关者的能力。中介性向心度高的行为人有利于那些向心度低的行为人之间进行互动，就这点而言，其充当了中介（broker）或守门人（gatekeeper）的角色。

第二节 社会网络分析应用模型

传统意义上的社会学数据要求各个变量具有相互独立性，而社会网络分析的数据包括组成变量和结构变量，属于能够反映节点之间相互关系的关系数据，而不是为了反映行为个体的属性。社会网络概念和 SNA 模型建构是应用分析的坚实基础，相关理论和技术共同形成了研究社会结构的一种范式。SNA 研究范式融合了心理学、统计学和数学语言，如社会关系图以及社会网络关系矩阵分析等工具，摆脱了个体主义方法论和还原论的束缚，通过研究网络的关系及其关系模式，巧妙地将微观系统行为与宏观社会行为的研究连接起来。

一、利益相关者战略关系模型

1984 年弗里曼在其著作《战略管理：一个利益相关者的方法》中提出企业与利益相关者之间是一对一的关系，给出一个简单关系图（见图 5-3），企业处于各利益相关者中心，彼此之间用双箭头表示对应关系，箭头长度是均等的，企业位于关系的中心，并在此基础上给出基于利益相关者的企业战略关系模型。

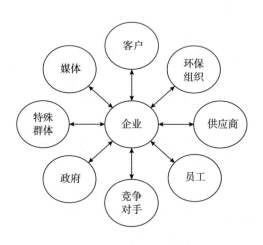

图 5-3　利益相关者战略关系

弗里曼第一次把利益相关者观点系统化，将其上升至"理论"的高度，认为企业高层管理者在制定企业战略过程中应该分析企业利益相关者的行为和原因、其行为目标以及目标与企业战略的影响关系。弗里曼以研究企业为中心，以制定企业战略为目标，把企业的利益相关者都视为相互独立的个体，重视个体属性数据分析。因此，弗里曼的利益相关者战略管理理论形成了以个体为研究视角的基本范式，他的战略管理理论框架也成为人们分析利益相关者相关问题的基本构架。

但是，上述利益相关者关系图谱存在一些不足之处：

（1）主要以企业为研究对象，强调关注利益相关者行为对企业目标的影响，忽视了企业行为对利益相关者的影响，实际上二者是双向互动的关系。

（2）各利益相关者之间是互不相连的，这与现实不符，各利益相关者之间的关系如联盟同样影响企业行为。

（3）把各利益相关者的影响默认为均等的，实际上影响力是各不相同的，其影响的重要程度各不相同需要企业分别制定应对策略。

（4）假设企业能够清晰识别各利益相关者的需求并作出相应决策行为是不现实的，各利益相关者分别受到其自身的利益相关者的影响力，这种复杂关系很难被企业识别。

（5）图中企业位于各利益相关者的中心位置，实际上在社会网络中企业并不总是处在中心位置；如果企业处在边缘位置，那么企业管理者又该如何管理利益相关者与企业的关系呢？

二、利益相关者显著（salience）模型

Mitchell 等在 1997 年给出了利益相关者显著（salience）模型，模型原图如图 2-5 所示，认为利益相关者对企业行为的显著性取决于三个属性及其不同的组合，即影响力、合法性和迫切性。然后，根据三种属性以及利益相关者拥有属性的种类把利益相关者分为七种不同的类型，管理者首先识别利益相关者的类型再做出不同的互动措施。

这种模型研究了企业或项目于利益相关者之间的双向互动关系，但仍然没有跳出企业与个别利益相关者之间二元关系分析的局限性，直到 Rowley（1997）提出应用社会网络分析方法来研究多种利益相关者相互依赖、相互作用及其对企业（项目）行为的影响。另外，各利益相关者的显著性特征也是动态变化的，而属性变化程度决定了利益相关者对企业或项目的影响作用也是动态变化的，上述模型并不能反映这种量变带来的影响。

利益相关者理论主要围绕两个主要方面发展：一是定义和界定利益相关者及其边界；二是对其识别分类以便于理解个体利益相关者的关系。其理论研究的核心基础都是要弄清楚利益相关者的真实需求，管理决策就是利益相关者影响的一个函数。因此，利益相关者理论研究的目标应是识别分析，了解利益相关者的影响作用属于何种类型，从而制定相应的管理策略。

各利益相关者与组织之间有双向互动关系，同时，各利益相关者之间存在的相互依赖和相互作用关系也可能会影响各利益相关者与组织的行为。比如房屋拆迁过程，总有一些户主不愿意现有的拆迁方案，显然，如果这部分相关人联合起来抵制拆迁要比单独行动更有效果；如果能够联合当地的特殊利益群体，取得媒体和公众舆论的支持，给项目公司会带来极大的精神和物质上的压力。这种风险不是哪一个单个利益相关者带来的，而是因为各人之间存在着社会关系系统，这种关系结构对各利益相关者个体和群体的行为有约束作用；如果把组织看作社会大系统中的一个利益相关者，他的行为自然会受到关系网络社会属性的影响。

三、利益相关者 SNA 模型

关于特定组织如何响应来自利益相关者的压力，Oliver（1991）的资源依赖理论和新制度理论提出一个行为连续体，范围从被动地遵守外部压力（依照新制度理论）到积极响应控制外部力量（依据资源依赖理论）。在连续体的反映资源依赖性的一端，通过策略选择和设计组织能够操控关键资源分配从而掌控与其邻近的利益相关者。在其他情境下，组织只有默认和接受外部压力，因为组织生存需要它必须服从来自政府、特殊利益群体等方面的合法性和制度性的利益趋向。因而组织的行为选择受限制于外部的压力，需要积极响应并满足外部组织的期望和需求以获得组织的存续条件。而 Oliver 认为，外部压力的形成来自那些制定制度规则和行为规范的机构以及那些掌握稀缺资源的人们。这些观点与同时期的利益相关者理论观点不谋而合。

基于利益相关者文献成果研究和 Oliver 关于组织的制度和资源依赖学说，结合社会网络分析的一些观点，Rowley 提出了一个利益相关者 SNA 模型（见表 5-1）。模型运用了网络密度（density）和网络中心度（centrality）两个网络测量指标，将利益相关者对组织（项目）的影响力区分成四种类型，实质是研究利益相关者的网络结构如何影响组织管理行为（尤其是应对风险和压力方面）。

表 5-1 利益相关者影响结构划分：组织对其压力的响应

		目标组织中心度	
		高	低
网络密度	高	妥协型	从属型
	低	指挥型	独居型

资料来源：Rowley T. J. Moving Beyond Dyadic Ties：A Network Theory of Stakeholder Influences [J]．Academy of Management Review，1997，22（4）：887-901.

基本论点：

（1）随着网络密度的增加，目标组织的利益相关者约束组织行为的能力越强。

（2）随着目标组织网络位置中心度的增强，其承受利益相关者压力的能力越强。

（3）高网络密度和高中心度情境下，目标组织选择妥协型角色，采取与利益相关者协商谈判策略。

（4）低网络密度和高中心度情境下，目标组织选择指挥型角色，采取控制利益相关者行为和期望的策略。

（5）高网络密度和低中心度情境下，目标组织选择从属型角色，采取符合利益相关者期望的策略。

（6）低网络密度和低中心度情境下，目标组织选择独居型角色，采取回避策略。

利益相关者社会网络模型的理论意义是跳出传统的利益相关者二元关系分析模式的限制，提供一种描述利益相关者相互影响及其相互关系对目标组织行为影响的框架方法。这种网络分析法并不关注分析个体的行为，而是关注各利益相关行为主体如何通过相互作用构成网络结构以及网络结构属性对目标组织行为产生什么影响力。不仅分析与目标组织直接关联的个体造成的影响，还分析了那些与组织并不直接关联的个体如何通过网络结构传递影响力，从而使一些隐性利益相关者对组织行为的影响变得更加显著。

当然，该理论也有局限性，其表现在：

（1）该模型主要适用于网络关系分析，结论是描述性的而非规范性的，仍然需要经过实证分析以及验证。

（2）该分析框架仅从网络密度和目标组织向心度的高低两个指标分析，这种两分法是否符合实际，高低的程度如何量化也没有标准。比较适合于分析特征值明显的情境，对于其他特征值并不明显的情境适用性降低。

（3）其分析过程直接忽略利益相关者个体因素，过于注重分析社会网络关系数据，实际运用中还应该结合个体的属性数据分析，避免"过度社会化"的问题。

四、SNA 模型应用发展

SNA 统计模型的应用发展经历了初期社群图、图论、矩阵分析、代数模型、区块模型等方面的研究，其中著名的霍桑实验首次运用社群图分析了工厂人群的非正式的组织关系，关系矩阵分析则开创了正式的社会关系结构研究方法，代数模型则运用于更复杂的多关系网络研究。

20 世纪 70 年代开始运用数理统计研讨网络关系的互惠性、传递性和均衡性，以霍兰德、林和特为代表的学者构建了三元数学模型；纳德尔和米歇尔进一步完善了社会网络的基本概念和系统框架；怀特等运用区块模型分析了社会网络的总体特征。

20 世纪 80 年代以后，围绕霍兰德、林特提出的描述关系数据的 Pl 二元独立模型、弗兰克和施特劳斯、伊可达、瓦瑟曼和派提森等先后研究了 Pl 模型的多种推广形式，如马尔可夫随机图模型，可以利用常见的 Logistic 回归技术进行拟合检验，这些成果很大程度上推进了社会网络模型研究。

Olander 将项目利益相关者管理看成一个系统工程，项目关系是高度复杂且是非线性的交互作用，管理者必须研究系统各个组成部分以及各部分之间的相互关系。Chinowsky P. 等开始系统运用 SNA 分析方法阐释建设工程项目主体行为之间的复杂网络型项目关系，并按照网络关系特征进行项目关系分类，进一步研究了不同利益组织之间的社会网络关系对项目绩效的影响。

第三节　SNA 视角下利益相关者项目关系分析

既然利益相关者关系的发生并非局限于二元关系的空间，而是一个相互作用的网络空间，那么项目组织的利益相关者之间很有可能发生直接的关系。例如，业主同承包商之间约定工程项目不可以随意分包，而分包商可以私下与承包商达成默契，结果会给项目目标带来潜在的风险。可见，分包商与承包商的关系可能影响项目业主的行为决策。

Freeman（1990）意识到利益相关者环境应该包括"利益相关者一系列的多边联系"。如果把项目组织看作社会网络中一个普通结点，而不仅仅是图 5-1 左图的中心位置，那么它的网络结构位置也应该是决定其行为的重要因素。由众多利益相关者构成的一个具有相对边界的网络，称为"场"（field），场内存在着各种作用力，即"场力"。而使组织承受的场力可能是声望、舆论、顺应潮流等资源性的，也可能是政策、法规、惯例等制度性的。

项目组织及其利益相关者网络具备了网络分析的两个基本要素：行为体和社会关系。行为主体是有意识的特定行为的实施主体，其行为同时受到"场力"的制约；社会关系是指各行为主体基于不同类型关系而互相作用构成某种模式的关系结构。社会网络分析研究的对象不是个体行为，而是研究关系系统、关系结构的属性以及关系结构是如何影响主体行为的。

社会网络分析认为，各行为主体是相互依存的而非相互独立的实体，行为主体之间的各种关系是资源传递和获取的渠道，行为规范产生于社会关系结构中的各个位置。传统二元关系论研究行为人的属性数据（attribute data），如行为动机、心理需求、利益取向、观念态度等绝对特征用以解释人类的行为或社会过程，其统计分析针对的变量要满足相互独立性。而社会网络分析研究测量的是"关系数据"（relation data），关系代表行为主体之间的关联，仅存在于行为群体中，不能按照个体的性质分类。换句话说，关系数据反映的是行为主体系统的属性，不是行为个体的属性。我们在研究项目利益相关者关系时，需要收集的数据就应该包括两种，一种是反映结点（利益相关者主体）信息的属性数据；二是关于结点之间（各行为主体之间）相互关系的属性数据，如结点之间的信息传递、资源流动情况，各结点位置的中介性向心度等结构变量。

项目相关的社会网络中，项目组织的外部压力给项目实施带来很大的不确定性，而压力的源头来自那些制定规范和控制资源的人，也就是各利益相关者的综合作用。这种综合作用不是各利益相关者行为的简单加总，而是通过彼此的社会关系和网络结构位置以及场力的共同作用去影响项目组织的行为决策。处于松散分布状态的利益个体行为能够经由某些社会关系"自组织"形成某种社会网络结构，社会网络结构产生群体行为和场力；同时场力作用于网络结构，二者共同影响和限制利益个体的行为。这样通过剖析社会关系及社会网络结构，使从个体行为到集体行为，从微观到宏观的过程机制得到说明与显现。

在项目建设过程中，项目方是严格遵守法律制度和建设程序的。正是因为这样才忽视了附近与项目相关的群体呼声，个体维权行为可能微不足道，但是经由社会网络关系的连接变成了群体维权行为。而这种群体行为的约束力量足以使当地政府作出不利于项目的决策，尽管项目的手续都是合法的。而吴江的维权行为同样会蔓延到全国类似项目的建设过程中，当地的维权组织同样会效仿，并且会有相同的结果预期，给项目建设和运营带来很大的不确定性。

通过案例可以看出，利益相关者的相互影响能够使其影响力通过社会网络中的关系而传递，使原本对项目并不显著的利益相关者变得非常显著。本来项目建设运营的审批是由合法性因素决定的，但是个体的行为经由社会网络"自组织"成为集体行为，这种非正式组织行为成为"影响力的源泉"，给项目的另外一个利益相关者——政府造成了压力，最终传递给项目建设方。根据社会网络分析，网络中关系连接密度越高，各行为主体之间的关联愈加频繁，信息的传递愈加容易，高密度关联提供了一种关系渠道，促进了规范、价值观、行动意愿的自发传播，利益相关者建立联盟的倾向越大，这种相互作用使利益相关者能够协调一致监督和惩罚组织的行为。一旦利益相关者的行为意愿共享形成，给项目组织带来的压力约束也是一致性的。结果，项目组织的承受压力的计划变得更加困难，往往是满足一部分人的利益，可能会损害另一部分人的利益，最后只有选择妥协。

其实这种风险因素是可以预期的，既然项目及利益相关者的社会网络联系紧密，沟通渠道应是畅通的，项目方以及政府部门应该多倾听民众的意愿，可以邀请民众代表参与项目的环保论证过程，甚至可以由民众指定权威的国际机构来评估项目给人们健康可能带来的影响，需要提供利益相关者损失补偿的，可以召开公众听证会以示公平、公开、公正。不应该遮掩自己的行为，躲避利益相关者的监督，那样只会使民众的猜疑和对抗行为升级，给项目带来更大的风险损失。

案例中项目前期审批手续一切合法且有政府部门的环保论证报告书，可是利益相关者并没有表现出对项目方和政府部门的充分信任。格兰诺维特在"经济行动与经济结构——镶嵌的问题"一文中指出：信任关系是决定交易成本的因素之一，因而信任关系可以改变治理结构的选择；经济行为是镶嵌在社会关系网络中的，因为作出决策的理性人处在一个社会人际网络中，其行为受到人际关系、信息通道限制以及社会动态情境的影响。可见，信息不对称造成的风险不是风险的全部，信息的传导也离不开社会网络关系，信息不对称也是社会结构的产物，所以项目决策行为亦是镶嵌在社会关系网络中的，行为风险分析离不开社会网络分析。

第四节　SNA 在工程项目主体行为风险管理中的应用

SNA 方法在建设项目管理过程中的应用越来越广泛，譬如建设项目利益相关者关系分析、建设项目成功因素分析、项目管理计划因素分析、建设项目进度和风险分析以及建设项目组织关系研究等。

一、应用概述

SNA 在建设项目主体行为风险管理中的应用尚不多见，主体行为风险管理的流程主要有：风险识别、风险分析、风险响应、风险管控和过程监督五个动态循环过程。行为风险因素涉及组织目标、组织结构、沟通模式、利益相关者诉求、供应链、合作竞争、文化冲突等多个层面，其诱发风险的强度和概率各不相同，但这些风险因素都与项目主体的行为密切相关，并且嵌入在各个行为主体的项目关系中并受其影响。

SNA 通过构建模型，深入分析建设项目主体在项目网络中的位置和地位、项目主体的个体和组织行为以及网络结构之间的项目关系，进而探讨网络结构对行为主体风险管理的影响，提出相应的风险对策。

二、应用流程

应用 SNA 方法探究建设项目主体行为风险，一般经过项目主体及其风险界定、项目主体行为风险及其相互关系影响力分析、项目主体行为风险的网络结构可视化及其评估、项目主体行为风险响应措施的确定。

对于行为关系相对简单的项目，其行为主体的数量和关系比较容易确定；对于复杂的工程项目，如何定义网络行为主体的边界则变得很有挑战性。通常可以有三种可以选择替代的方法：一是依据行为主体共同的属性，例如对项目的权利和义务，对于项目是否有资本的投入或是否获得风险性收益；二是考察行为主体的关系类型，例如是否有资源互动关系、信息共享关系或人际纽带关系；三是依据特定的焦点问题或者特殊事件能够识别确定研究网络所包含的行为主体类型。

首先，应完整地列出所有的项目主体（利益相关者清单）和相关主体行为风险因素，对于复杂性大型项目来说，确定行为主体的边界是一项富有挑战性的工作，需要关注各个行为主体的个别属性和共同属性以及互动关系的类型。通常采用"滚雪球"（snowball）技术来收集项目主体的关系数据并确定研究网络的边界，网络关系涵盖相互依赖、合作竞争、信息共享、资源获取等，其有效性取决于研究问题的框架和行为主体的互动性质。方法是先识别确定社会网络中一组核心的行为主体，类似项目管理团队、承包商、监理公司等；然后，通过面谈和问题设计，了解其信息并且请他们提名一些与他们有某种连接关系（如信息、资源互动等）的利益相关者；接着继续访谈后提名的利益相关者，重复上述行为，直到很少有新的利益相关者被提名。如此得到的行为主体和关系范围可以作为研究网络的边界。

其次，风险关系测量不同于传统的风险评价，主要是考虑风险之间的相互作用关系，这种关系能给行为主体带来何种潜在的风险变化。网络关系的内容变现形式多种多样，情感关系、信息共享关系、合作竞争关系、互锁关系（interlocking）、资源获取关系等，既有双向互动关系，也有单向传递关系，有的关系发生交叉重叠现象，有些关系因素未必对研究的行为问题直接相关。另外，在访谈过程中，注意要把关系数据的同质性与异质性都测量出来，要求访谈对象数量不能太少了。总之，关系数据的有效性取决于实际研究的理论问题构架和向行为主体间的互动性质。

再次，运用多样化的可视化软件，如 UCINET6.0、NetMiner4.0、Pajek 和 NetDraw 等，呈现和分析风险关系网络结构和数据，可以借助网络密度、网络向心性、中介性、派系（Cliques）、有效性、中心度等数据的测度，据此判断各个行为主体的风险关系、相互作用以及网络局部和整体的稳定性。

关于收集赋值数据还是二元数据的问题。赋值数据测量的是各种关系的影响强度或影响重要性；而二元数据测量的仅仅是行为主体之间存在与否。测量赋值数据时，需要给每种关系设定权重系数表示其相对于其他关系的影响强度。如果不予赋值，表示网络为各种关系权重等于 1 的等权网络。在收集关系数据过程中，研究人员需要预先确定考虑哪些关系以及关系的哪些方面内容，既要注意所要验证的理论逻辑要求，还要注意网络的具体细节。

最后，依据整个网络关系分析结果，制定针对性的风险响应策略，可能是网络关系的削弱、维持抑或强化。上述风险管理过程是不断循环、迭代和升级的，直至把项目风险控制在一定的阈值内。

三、应用局限

有些网络学者过于关注关系的形式，忽略关系的属性和行为主体的个体特征，而离开行为人的动因分析，不仅无法理解网络结构对行为的意义，而且无法解释某些网络现象。这需要在以后的实践应用中兼顾"行为主体的意义研究"和"网络关系的结构研究"。

此外，经济行为是嵌入在社会网络中，而社会网络本身亦是嵌入在社会制度、文化、政治等架构之中。因此，刘军认为整体网络研究应该结合个体网络研究，规范研究应该结合形式研究，如此方能更好地描绘和解释社会行为。

没有哪一个单一理论能够完全解释清楚组织交互行为的方方面面。因此，可以从不同研究视角选择若干分析方法共同分析行为主体关系。第三章提及的"利益相关者环"的方法工具可以与社会网络分析方法相结合应用，例如针对利益相关者影响力对项目影响力的排序问题，可以将两种方法分别得出的排序进行比较研究，互相印证弥补各自的不足。

第五节　本章小结

本章基于社会网络的角度分析研究了项目主体行为，分析了 SNA 视角下的建设项目利益相关者的关系，探讨了 SNA 在建设项目风险管理应用中需要注意的问题。

首先，阐述了 SNA 的基本分析要素及其刻画主体行为关系的功能。

其次，探讨了三个与利益相关者关系研究相关的经典模型，分别分析其研究方法的优势及缺陷。指出利益相关者社会网络模型的理论意义是跳出传统的利益相关者二元关系分析模式的限制，提供一种描述利益相关者相互影响及其相互关系对目标组织行为影响的框架方法。

再次，运用社会网络理论概念结合实践案例分析了项目主体的社会网络关系。项目相关的社会网络中，项目组织的外部压力给项目实施带来很大的不确定性，而压力的源头来自那些制定规范和控制资源的人，也就是各利益相关者的综合作用。这种综合作用通过彼此间的社会关系和网络结构位置以及场力的共同作用去影响项目组织的行为决策。所以，项目决策行为是镶嵌在社会关系网络中的，行为风险分析离不开社会网络分析。

最后，提出了 SNA 应用于建设项目主体行为风险管理的可行性和具体实施方法和操作流程。SNA 应用对于分析研究项目行为主体的网络关系、网络整体性特征以及网络关系对项目主体行为风险的影响，进而有效地降低项目风险，实现项目目标，有其独到的理论和方法优势。当然，应用 SNA 分析工程项目主体行为风险也存在一定的局限性。

第六章　基于复杂性分析的主体行为风险管理研究

一般项目管理知识体系认为，项目具有明确的目标、一个临时性组织、实施标准（如范围、时限、成本）以及达成目标。这种范式基于三个基本认知：一是项目管理是理性和规范的；二是项目管理本体论是实证主义，研究事实必须是通过观察或感觉经验；三是项目范围可以通过项目分解结构方法进行管理。传统项目管理认为项目本体论是"存在着的"而非"变化着的"，前者强调项目表现形式的具体化，后者强调项目管理研究的"意义构建"和"边界的质疑"。一些学者建议项目管理研究应该从"存在的视角"转变到"变化的视角"。项目管理现实研究中存在的不足激发了各种理论视角的"涌现"，其中复杂性理论在项目管理中的应用尤为引人注目。

第一节　复杂性理论的研究内容

工程项目合同涵盖数量众多的利益相关者，项目主体之间存在利益诉求的一致性和冲突化，存在组织跨文化差异性却又要沟通协作的矛盾。一方面，工程主体作为自适应主体需要对具体项目情境做出自主的行为选择；另一方面，其行为要受到项目施工计划的严格约束。项目主体行为的复杂性和不确定性共同作用，形成工程项目系统风险的复杂性。可以说，工程项目就是一个混沌有序并存、技术复杂性和组织复杂性兼而有之的复杂性系统。用传统管理学理论和方法解释复杂性系统几乎是不可能的，复杂性必须凭借复杂性分析的方法来解释和研究。因此，基于复杂性分析的工程项目主体行为风险管理研究对于指导工程项目风险管理具有重要的理论和实践意义。

一、复杂性思想

复杂性理论研究秩序、结构及创新如何从非常复杂且无序的系统中产生以及复杂行为和结构如何从简单的基础规则下"涌现"。结构简单的项目能够承受工期加快或计划变更的风险因素；同样，如果没有外部环境显著变化的影响，一个复杂项目也能够维持原有项目计划；但如果是一个"结构复杂性"项目面临同样的影响力则会变得非常不稳定且难以控制和管理。Lucas 指出，当前对项目的认识存在简单化的偏差，复杂性思想允许人们意识到当前情境下某种方法是无效的，并且提出另一种解决问题的替代方案。复杂性思想包括三种思想，即系统思维（如控制论）、有机（或组织）思维（如进化论）、联结主义（或关系）思维。

二、复杂性系统

复杂性系统是指非线性系统且在临界状态条件下呈现混沌性行为特征的系统。"非线性"是对系统内部各种因素交叉耦合相互作用机制的数学刻画，正是因为这种复杂的多因素交互作用机制导致复杂系统对初始值的敏感性，从而呈现混沌行为。复杂性项目具有复杂系统的特征，如非线性、涌现、自组织等，我们可以假设项目管理的有效方法应该存在于项目具体情境当中，这些方法应该是不可预期的，但是完全可能会在项目管理各要素以及环境之间相互作用之下"涌现"出来。传统理论观点认为，组织行为是线性的、简单的因果关系，系统中必然存在某种秩序性；而复杂性理论观点认为项目组织行为是复杂的、非线性的且不可精确预测的，系统存在于某种混序或混沌之中。

三、复杂性理论研究领域

复杂性理论研究涉及生命科学、物理学和数学等领域，它们都直接与同一个概念——"适应的情境"相关联，这些领域中出现的一些解释性概念有助于我们理解复杂性理论对于项目管理研究的应用，如表6-1所示。

表6-1 与复杂性理论相关的概念

年份	概念	代表人物	主要论点
1963	"蝴蝶效应"	Edward Effect	复杂系统对初始值的极端不稳定性
1969	耗散结构理论	Llya Prigogine	远离平衡态的非线性的开放系统通过不断与外界交换物质能量，在系统内部某量变化达到一定阈值时，通过涨落系统可能发生突变，由原来的混沌无序状态转变为有序状态
1970	奇异吸引子	David Ruelle	在奇异吸引子外的一切运动都趋向吸引子，属于"稳定"性质；一切到达奇异吸引子内的运动又互相排斥，对应于"不稳定"性质
1973	分形	Benolt Mandelbrot	不规则形状重复出现且有自相似性
1975	普遍适应性	Mitchell Feigenbaum	费根鲍姆常数，周期倍增分岔，无序中蕴含有序；混沌中蕴含规律
1970s	自组织理论	Stuart Kauffman	生物界的秩序是自组织原理的作用结果
1987	自组织临界态	Bak Per	多种组成要素交互作用的系统能自发地向临界状态演化，在这种自组织临界的稳定状态，小的事件可能导致大事件乃至突变的发生
1988	自组织系统	Herman Haken	无生命的物质也能自发组织形成一定的秩序
1993	混沌的边缘	Chris Langton	系统永远处于运动状态，宏观上有序，局部呈现混沌，有序和混沌之间的中间状态运作最好
1994	涌现	Chris Langton	系统低层物质通过一定的结构构成而产生的新物质、新特性；系统整体一旦还原分解，这些特性就不复存在了
1994	复杂适应系统	John Holland	适应产生复杂性；有适应性是指主体能够与环境以及其他主体进行交互作用；在此过程中，主体不断地"学习"或"积累经验"，并且根据学习的经验改变自身结构和行为方式
2001	相关复杂响应过程	Ralph Stacey	组织就是一种涌现；强调主体的自我参照、反思、参与和沟通特性；进化结果的不可预测性

第二节　工程项目复杂性特征

项目组织的临时性、项目主体行为的能动性和对外界环境的适应性反映出项目管理的复杂性。一方面项目主体作为复杂适应性系统的构成组分共同工作和学习；另一方面项目主体在实施项目管理过程中不断做出决策和创新，呈现涌现性质。复杂性管理方法能够兼顾上述批判现实主义和建构主义两种哲学观念，使项目管理研究迈上一个新台阶。

Lucas 列举 18 个概念用以解释和描述复杂性项目系统的行为特征，如涌现、自组织、自修正等。Bertelsen 把其中的 14 个概念分成三个部分，以帮助人们从复杂性管理的视角理解工程项目管理：自主性主体；不确定的价值；非线性。它们其实分别对应精益（Lean）生产论中 TFV 模型的三要素：自主性主体意味着组织的适应和转换能力（Transformation）；不确定价值对应着项目产出的价值创造（Value generation）；非线性对应管理流程（Flow）的变化。

一、项目的复杂性界定

复杂性通常被理解为不可预测性、不确定性或者认知困难性。界定项目的复杂性不可避免地受到人们本体论立场的影响。Thompson（1967）认为，组织复杂性源自组织主体之间的相互依赖关系，每一个组成主体的"输出"成为其他主体的"输入"，因此每个主体必须根据其他主体的行为做出反应来调整自己的行为。这种相互关系在项目实践中代表着项目复杂性的最高层次，贯穿项目整个实施过程，其产生的反馈作用会进一步增强项目的复杂性。所以说，项目组织的复杂性源于构成组织的主体的个体行为、它们之间的相互依赖关系以及它们同外部环境之间的交互作用过程。组织复杂性分为逻辑复杂性和认知复杂性两类（见图6-1）。

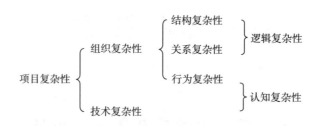

图6-1　项目复杂性分类

Baccarini（1996）认为，复杂性的概念可以应用到项目管理的各个方面，如组织、技术、环境、信息和决策。他把项目复杂性分成两种，即组织复杂性和技术复杂性。从系统理论视角看，项目复杂性表现为"差异性"和"相互依赖性"。"差异性"反映在项目组织结构、主体关系以及个体行为的多样性等方面；

"相互依赖性"反映在项目主体的组织结构层次、项目主体相互依赖关系以及项目主体与外部环境之间的互动关系等方面。

Willianms（2005）指出，项目复杂性具有两个维度，一是源自项目基本结构的"结构复杂性"，结构复杂性受到组织组成要素规模以及这些组成要素之间相互作用关系的影响，与项目的"差异性"和"相互依赖性"密切相关；另一个是"不确定性"，同项目目标的制定和管理方法的运用密切相关。项目的不确定性增加了项目的复杂性，二者共同作用产生了系统总体上的复杂性。"不确定性"包括偶然的不确定性和认知的不确定性，前者带来的风险因素可以用"应急性计划"加以消除，而后者则是由于缺乏对潜在风险因素的认知导致了项目的复杂性。

二、项目的非线性特征

复杂适应系统对其环境做出的反应模式可以有很多种选择，有"蝴蝶效应"、奇异吸引子、自组织、自我转变等途径。你可能重复完成同一件事，但是结果可能完全不同；微小的差异可能带来结果的巨大变化，而较大的差异性却可能导致细微的结果变异。

复杂性项目的最终产出同样呈现非线性特点。每一个项目都是独一无二的，没有两个项目的成功方法是完全一致的。传统的项目线性管理方法常常忽略了项目环境的复杂影响和项目组成成分之间的交互作用。Jensen（2006）发现，项目环境与项目组成之间的互动机制会给项目行为主体的决策带来很大的不确定性，从而最终影响项目结果。Engwall（2003）也有类似的论断，认为项目研究应该结合项目主体行为的复杂性，有必要全面考量项目与环境之间的关系，项目认知的本体论应该从过去割裂历史、情境和将来的封闭性系统转变到植入"情境"概念的开放型系统。例如，对于任何一个新的工程项目，即使是利益相关者之间存在微小的分歧，也可能导致项目设计方案的实质性变更，影响整个项目实施的进度、成本和质量的变更。

项目组织的临时性特点也可能产生项目过程的不稳定因素。项目实施过程中主体行为的变更会显著影响复杂性项目的初始计划。根据复杂性理论，项目处于设计阶段时，管理方并不能预测到项目系统由于多种因素交互作用产生的非线性结果。有些结果是"已知可能发生的并且结果是可能预测的"，这样的问题可以通过常规的标准管理流程加以解决；有些是"已知可能发生的但结果是未知的问题"可以通过风险管理措施加以应对；对于那些"既不知其发生的可能性也不知其发生的结果"的问题，一般项目管理者视其为"项目失控"，管理手段倾向于重新采取措施加以解决，如建立新的职责岗位、裁减人员甚至更换项目经理。这只能引发更大的混乱与不稳定性，因为项目环境因素和项目计划控制的基准已经被扭曲，偏离项目计划的控制手段在这种情景下不再有效。

三、项目的涌现性特征

涌现性是指复杂系统在自组织过程当中出现的全新的协同的模式和性质。自组织系统在运行过程中不断同外界交换物质和能量使系统能够处在远离平衡的某种状态。远离平衡状态下的系统有意识行为使系统内部的随机事件得以放大，这种自组织适应性行为能够在系统整体上或宏观层次上涌现全新的秩序和行为特征。

复杂性项目的结果也会呈现"涌现"的特征。工程项目在项目可行性方案设计阶段，众多待选方案在初始阶段具有同等价值。项目系统的自组织过程可能会导致向上的因果关系，如涌现或权力不对称，也可能导致向下的因果关系。项目主体之间以及同外部环境之间的相互作用，不断地学习和适应组织环境和外部环境，持续地寻求项目实施过程中的最佳解决方案，在这个过程中创造了新的项目价值，满足了利益相关人对项目的需求。

另外一个层面上，每一个项目与整个工程项目同行业的其他项目相比，可以被视为大系统中的一个"适应性主体"。它具有时间维和空间维的结构，此主体与大系统中的其他主体之间以及各主体与外部大环境之间彼此交互作用，竞争与合作，新的管理方法和新的应用技术不断出现，从而使"涌现"现象在较高的宏观层面上产生，这个过程同样为项目的利益相关者创造了新的附加价值。

工程项目系统具备以下显著的特点：

（1）构成项目基本组成成分的主体是具有学习力和能动性的适应性主体。

（2）适应性主体存在异质性特征，如多样化、主观意愿和价值观不同且常伴有冲突现象。

（3）系统处于动态的、远离平衡的某一状态，其系统动力学特点是非线性的。

（4）适应性主体之间及其与系统环境之间存在交叉耦合作用机制，主体行为具备进化的、学习的、适应的、反馈的和转换的特征，即适应性主体具有自组织能力。

（5）各个项目主体构成临时性组织，从整个行业或社会大系统以及长周期的角度来看，项目组织也是稳定和长远的组织。人们有联合行动的意愿，组织具有一定的结构层次，这种结构层次和模式同样影响系统的进化方式。

上述特征使工程项目系统具有复杂性系统的全部特征，也是系统整体行为呈现新的有序、新的结构和新的模式，即呈现系统的"涌现"现象。

第三节　工程项目主体行为复杂性分析

复杂性理论以复杂性系统的整体行为作为研究目标，探讨有序、结构和创新等现象的动力学演化规律，包括复杂行为模式和结构的"涌现"机制。如果工程项目的结构相对简单，那么当发生诸如项目工期加快、资金超出预算或者计划变更的情况时，依靠"项目应急准备金"或者"项目应急计划"可以降低或转移风险。但是，如果同样的变更发生在一个具有结构复杂性特征的大型工程项目运作过程中，那么，工程项目系统将会变得非常不稳定，甚至变得难以管控。复杂性思维不同于决定论思维，决定论思维遵循简单线性原则去探究事物的确定性，复杂性思维从复杂性出发，寻求混沌环境中的有序性规则，复杂性思维融合了系统性思维、组织思维、联结主义思维的精髓。

一、项目的不确定性

关于复杂性和不确定性的概念关系，到底是复杂性引起不确定性还是不确定性导致复杂性，至今还没有定论。有人认为，应该把不确定性作为复杂性的一个维度，而有人认为复杂性是引起不确定性的一个缘由，还有人认为，这根本就是两个独立的概念。Williams（2005）认为，既然不确定性增加了系统的复杂性，就应当把"不确定性"视为"复杂性"的一个维。

项目的唯一性、一次性等特点以及项目系统内外部环境的复杂性决定了项目存在大量的不确定性。这种不确定性可能蕴含着机会，也可能包含着潜在的风险因素，项目管理者更关注后者。复杂项目结果的不可预测性、项目内外环境交互作用的非线性、项目技术和管理方法的不确定性都给项目管理者及其利益相关者带来各种潜在的风险。

De Meyer 等（2002）区分了几种不同性质的项目不确定性：

（1）由于项目变更引起的不确定性。

（2）能够预测其发生概率的不确定性。

（3）人们不能预测其发生概率的不确定性。

（4）由于混沌状态引起的不确定性。

项目变更引起的不确定性对项目计划影响较小且是可以监控的；不能确定其发生但可以预测其概率的不确定性可以采用诸如"应急准备金"计划等方式控制其风险；比较典型的是那些不能预测其发生概率的不确定性，主要是因为各种因素耦合交叉作用所致，Maruboyina（2003）认为，原则上可以通过系统整合的方法把不确定性事件转化为可以预测的事件或活动，这也是项目风险管理的过程。但是，项目由于混沌状态引发的不确定性则不适用上述方法，因为该方法的适用前提是假设项目处于相对稳定的状态并且目标确定。对于处在混沌状态的项目而言，其初始项目计划的基本结构已经变得不确定，这种根本性的结构变化需要重新界定项目的范围和目标，所谓"应急性计划"已经不再奏效。

二、项目的相关复杂响应过程

相关复杂响应过程（Complex Responsive Processes of Relating，CRPR）是由 Stacey（2001）在探讨组织复杂性时提出的一个理论概念。他提供了一个面向过程的描绘组织行为的分析方法，强调思维和行为的不可割裂性，用社会分析的角度去理解个体。重视行为主体的自我参照和自我反思的性质、对相关活动过程的响应和参与以及组织行为演进和结果的根本不可预测性。研究方法上更注重组织行为中行为主体的交互作用，关注对话的主题模式是如何形成和被形成的以及对话主题模式的潜在转换可能诱发变化、触发学习和创造新知识。

该理论汲取了米德的理解行为个体社会学方法和埃里亚斯的过程社会学分析方法。从相关复杂响应过程的视角看，社会结构和行为主体个性的涌现并非完全出自其意愿，而是由于个体和群体通过符号和行为相互作用所致。组织以及组织的变革实质就是一种随着时间推移和局部相互作用而发生的"涌现"或"再涌现"，是众多行为个体通过相关复杂响应的过程，借助语言沟通彼此相互作用进而形成。沟通的过程也是一个复杂响应过程，涉及语言运用及其引发的反应，彼此了解对方的社会状态和影响力关系。每一种行为都是对先前行为的反应，个体相互的行为"召唤"和做出反应构成群体的社会行为，可使人们彼此交流和学习，进而推广成为经验，促进组织更为复杂的交互行为的涌现。这种刺激反应模式同时为行为个体提供了对话的内容和情景（context）。社会行为个体在共同行动过程中，时刻要做出行为选择和决策并且相互依赖，从而构成了组织。人们的联合行动具有时间和空间上的维度，是在特定的情境下进行并且也有一个不确定的"将来"，因为联合行为本身处在持续的运动和构建之中。

行为主体的交互作用不但是沟通的过程，也是一个相互影响的过程，每个人的行为都会对其他主体的行为产生影响，同时自己也会被他人的行为所影响和约束，整个组织的行为结果变得很难精确预测。人们的行为可以视为一个不断自我复制和趋同的过程，响应过程中，人们借助于符号、过去行为的结果、制度设计、情感和潜意识等中间媒介，创新可能会发生或涌现，如影响力的变化、新知识的创造、复杂的群体协同及个体的学习和创新。

CRPR 关注行为主体沟通过程中的"自组织"能力，行为主体之间相互作用的反馈监控以及行为主体主观想法和行为结果的根本不可预测性。这种"自组织"能力使组织的相关复杂响应过程看上去似乎处在"无序"状态（如行为的不可预测性和非线性），实质上存在某种潜在的逻辑规律（局部的有序和可预测性）。"自组织"能力与复杂的工具和技术、过去行为的经验以及人们的"自我感知"能力相关。对这种潜在逻辑的有关研究被 Winter（2006）称为"意义建构"（sense making），是指行为主体与环境之间相互作用的过程中不断建构和修正原来的知识结构，新的经验和知识被"同化"到原有的经验结构中，形成更为丰富和深化的认知结构。

三、工程项目主体行为的复杂性分析

如果把项目看作适应性主体之间交互作用的一种模式，沟通过程必不可少，沟通需要借助于工具如语言行为，这个过程是持续地被创造、复制和转变的。人们的交互作用模式一定与某些影响力相关联，因为每个人在影响和约束"他我"的同时也在塑造"自我"。因而项目的结构形式和工作方式以及各种基于项目组织的工具设计应用和计划安排，都必须视为行为主体在相互作用过程中，通过基于某种主题的对话沟通模式所形成的或者被形成的。

从这个角度看，项目系统具有双重性，一方面是面向项目目标激励的预先设计程序的展开，另一方面是作为理性人的行为主体在具体项目情境中的行为选

择。项目管理者是相关复杂响应过程中的一个利益相关者，需要持续地探索诸如"正在做什么"以及"下一步如何做"之类的问题，不断随情境的改变调整策略，找出最佳解决方案，也是发生"涌现"的过程。如果项目组织的复杂响应过程不断迭代，自组织行为、战略目标和方向的涌现、个体和群体在反思中不断"趋同"等相关过程持续地呈现，项目管理的问题就随之转变为：项目控制需要做什么？组织管理者的领导作用是做什么的？是外部干预有效还是内部参与更合适？等等。

显然，CRPR 理论更关注适应性主体相互行为自反性监控，关注主体行为最终结果的不可预测性和不可控制性以及主体之间的关联性质。

项目管理者必须充分把握行为主体的"焦虑"（anxiety）情绪。"焦虑"主要产生于项目组织文化的多样性、个体与群体目标的冲突、共同愿景的模糊性以及项目行为结果的根本不可预测性等方面。按照复杂性理论，只有项目组织重复过去的项目行为，预设计划和还原解析方法才可能奏效。但是，项目组织的可变性和创新性意味着将来的状态不可能被预测和描绘，因为还原论中的因果关系连接已经消失，任何将来的情境不可能同过去的行为发生必然联系。项目管理者的有效管理也是出于矛盾之中，一方面，管理者必须在科层组织制度下行使正式的计划方式和分解方法来管理项目；另一方面，又必须在非正式组织网络中，试图打破那些科层制度，因为他们代表了组织的创造力和可变性。事实上，项目经理们仍旧在运用着计划方式和项目分解技术，尽管在很多时候未必适用。这只能表明，管理者运用这些例行手段和常规管理流程是为了去抵御那些由于很强的不确定性所引发的"焦虑"。因而，有关心理学分析的方法研究也应该整合到项目管理当中去。

第四节 复杂性理论在工程项目管理中的应用

从上节分析中可以看出，项目的复杂性理论分析还处在不断发展阶段，例如关于项目的本质以及项目的"正式"复杂性特征的探讨和研究依然是开放的，鼓励学者从多种视角和多个领域去认知项目的本质，不要拘泥于某些所谓规范的主流的项目本体论。Soderlund（2004）认为，任意一个项目仅仅是一种"独特的现象"（phenomenon）而非是"事物的全貌"（perspective），这使研究人员有必要建立更有说服力的、更有价值的理论来丰富我们的社会知识体系。可以讲，不论从理论探讨角度，如意义构建、项目系统的复杂性认识等，还是具体项目实践的角度，如项目的复杂性分类研究、项目管理风格同具体情境的匹配等，项目管理的复杂性分析都是有积极意义的。

一、工程项目管理本体论

界定工程项目复杂性不可避免地会受到项目管理本体论立场的影响。传统项目管理知识体系认为，工程项目是一个有明确目标受到时间、成本和质量约束的临时性组织。这个管理范式存在三个前提认知：第一，项目管理是规范的和有限理性的。第二，项目管理视实证主义为圭臬，对项目过程的研究必须以观察或感官经验为基础。第三，项目范围能够借助项目分解结构的方式进行管理，即项目管理过程是可以分解和被还原的，项目系统因果关系是简单、明晰的。

传统项目管理本体论强调项目具体表现形式，而复杂性分析认为项目管理的"意义建构"和"边界质疑"更加有效，强调项目管理研究应从"存在的"视角向"动态的"视角转变。复杂性理论认为工程项目的复杂性具有不可预测性、不确定性和认知困难性等性质。从系统理论的角度来看，工程项目的复杂性表现出"差异性"和"相互依赖性"的特征。"差异性"特征是由工程项目组织结构、项目主体关系以及行为多样性等方面所决定；"相互依赖性"特征是由项目组织结构层次、项目主体彼此相互作用以及项目主体同与项目外部环境之间相互作用的关系所决定。

因此，工程项目复杂性构成涉及两个维度。其一是"结构复杂性"，取决于工程项目组织构成要素的规模、范围以及要素之间的相互作用，结构复杂性同上述"差异性"和"相互依存性"的特征密切相关。其二是"不确定性"，不确定性包括工程项目系统目标的不确定以及管理方法的不确定。不确定性同工程项目目标设定和管理方式密切相关，不确定性既是复杂性来源之一，又是风险因素之一，不确定性和项目的复杂性共同作用产生了工程项目系统整体上的复杂性。既然工程项目具备复杂性特征，可以假设有效的项目管控方法应该存在于具体项目情境之中并且是不可预期的，但必然会在项目主体之间及其与外部环境之间的交互行为过程中"涌现"。

二、项目管理的自组织过程分析

复杂系统理论中，自组织是指复杂系统的自生存、创新性和寻求适应性的行为。涌现就可以视为发生于组织正式支持渠道之外的自发形成的结构、过程、事件和领导。系统中的行为主体可以自动调整自身的状态、参数以适应外部环境，也可以同其他主体进行合作或竞争以寻求最大的利益或生存发展机会。

按照 CRPR 观点，项目组织动态处于远离平衡的状态，在同一时刻既是稳定的又是不稳定的。项目组织总体上稳定而局部行为无序并且存在于那些非正式的网络关系中，行为主体以一种自组织的形式随机建立关联并且相互依赖和制约，当这种联系足够充分时组织行为表现出创造力和能动性。组织的进化和演变正是采用这种由于行为的乱序、冲突和争执所诱发的自组织网络行为模式，是组织行为的全新性质在更高层次上的"涌现"，而不是什么有意识的、有计划的选择结果。

既然复杂性项目的计划和预测变得不可行，那么，当项目管理者面对组织创新的过程应该如何应对呢？

组织创新的过程同时也是一个运用直觉（intuition）思维和类比（analogy）推理的过程，这些新的概念需要项目管理者借助自组织过程和组织的非正式网络加以放大和展开，但其最终结果是根本不可预知的。只有当组织非正式网络处于混沌的状态，利益相关者的焦虑、不安和冲突等产生某种"对话"模式，依赖组织行为的自组织治理过程和学习过程，形成"涌现"的现象。可见，行为主体细微的行为凭借系统的反馈过程得以逐渐增强进而引发组织的巨变，项目管理者应该关注利益相关者之间的连接关系和简单的行为决策规则是如何导致组织系统复杂的总体上的行为模式——表现为组织新战略方向和组织更新的形式。

三、项目利益相关者的关系分析

从项目的相关复杂响应过程来看，项目并非某种结构性设计的事物，而是一种"社会性结合体"，是项目利益相关者相互作用形成其结构性特征。项目可以看作利益相关者基于沟通的交互作用中不断复制和转换的过程，这里的项目利益相关者既包括组织内部过去和当前的干系人，也包括项目组织外部的项目干系人。利益相关者之间的沟通模式和对话主题形成了行为主体间的权力关系结构，当然其本身同时也处于被形成的动态过程中。

权力或者说是影响力并存在于某些项目的高级经理或是某个利益相关者手里，而是来自上述的相关相互作用的过程之中。这种相关复杂响应过程同时也是一种个体和群体"认同"（identity）行为不断复制和转换的过程。"认同"的过程需要借助某些工具、技术、以往行为经验和某种制度设计或其他标记来完成，通过一些特定形式的主题，利益相关者之间的"认同"关系得以形成或同时被形成。通过"认同"行为就可以区分不同的利益相关者利益取向，进而建立某种合法地占有支配地位的沟通模式。

从概念上讲，人们把项目看成是社会实践的中间产物和最终结果是可行的。CRPR观点指出了在相关复杂响应过程中，权力关系、经验、情感等因素在社会结构和行为的构建与复制过程中的重要作用。"项目"的实施是一种个体和群体趋同一致的进化模式，涌现于行为主体日常的相互作用和沟通对话过程中。相比于传统的项目组织，项目管理应该重点关注相互沟通过程的重要性，特别是沟通的模式、沟通主体行为响应结构以及对社会意识形态和权力关系的理解。沟通需要符号作为互动工具，包括语言符号，米德认为复杂的认知能力不可能从孤立中产生，只能从复杂的相互作用中形成，智慧亦然。认知与社会过程共同进化，米德将其概念化单数与复数符号（symbolic interaction）互动的过程。同样，对于利益相关者主体行为带来的潜在风险因素也不能脱离行为环境和历史而存在，风险管理的方法应该嵌入项目的具体情境，需要承认通过项目行为主体与其环境之间相互作用能够找到解决风险管理的有效途径，即方法的涌现。

四、对项目管理及领导力的启示

既然项目管理中可预测和不可预测因素同时存在，意味着项目管理者必须自主地、创造性地平衡项目计划与控制的关系。既然项目复杂性是不可压缩的，那么任何解释都应该涉及如何降低复杂性。Cliiers（2002）强调有必要认清知识与体系、方法与情境之间的辩证关系以及二者共同决定的重要性。既然没有哪两个项目具体环境是完全相似的，因而不可能去预测成功完成项目的具体方式。相反地，项目管理者应该对项目的具体环境保持敏感性，兼收并蓄各种观点和方法，期望项目成功的方法会从项目与环境的交互作用中涌现出来。

一般研究集中在领导方式与项目类型的匹配方面，如领导艺术能够决定项目发展的方向和效率等。复杂性理论认为，项目领导者可以通过计划和控制去影响项目利益相关者的干预，但是并不能计划和控制这些干预造成的项目最终结果。

项目领导者应该意识到自己是相关复杂响应过程的一个参与者，重要的是自己的过程参与能力，面对具体项目情境如何对利益相关者相互间的复杂响应过程做出正确的反应能力。项目领导者必须关注行为主体沟通对话模式的质量，保持对沟通质量的敏感性，尤其对互动过程中沟通主题的敏感性。

工程项目管理者关键的管理技能之一就是要有持续创新的勇气，不管能否知道结果甚至失去控制，要学会承受这一过程给自己和他人带来的所有"焦虑"。需要理解作为项目领导在非正式组织中如何影响他人以及自身如何被影响的，鼓励那些非正式网络中的利益相关者在组织的边界内发挥其应有的作用，要善于打破其沟通对话过程中的僵局，促使互动对话的畅通性，从而为组织行为创新和转换构建一个良好的组织氛围。为了理解组织处于"扰动"（turbulent）状态下对应的领导类型，需要研究掌握组织冲突现象的边界性质，这对于组织学习行为和如何更有效地管理那些边界是非常重要的。此外，还要特别注意，领导力并不是简单地分布在某个行为主体上，而是能够动态转移的，这要取决于项目组织任务的需要以及非正式网络中利益相关者的情感状态。

五、对项目管理研究方法的意义

主流的组织管理研究范式是基于还原论的、决定论的、线性平衡的牛顿科学主义，假定组织行为都有特定的原因和特定的结果，因而组织行为具有可预测性质。但是，复杂性科学范式的出现引发了传统管理研究基础的巨大变化，复杂性理论认为系统具有整体性、非线性、不确定性及不可预测性的特征。项目组织是一种复杂性系统，项目管理必须借助复杂性理论分析的方法来管理项目组织内部和项目组织之间的非线性关系。

还原论方法的基础性假设验证过程，通常采用具有代表性的组织截面数据，其数据来源渠道有统计资料、公开报告、调查问卷和人员访谈。这些数据的可靠程度会受到各种影响导致偏差，首先，数据信息来自组织成员的陈述。组织行为的驱动是基于使用理论的，明显不同于信奉理论，人们往往说的是一套而做的又是另外一套。其次，认知心理学研究表明，人们认识和感知外部世界仅仅使用了部分智力，例如管理者运用经验诀窍和因果关系图谱去理解外部系统，显然其认知带有局部的限制性。再次，管理理论中隐性知识的存在，尤其是相互作用行为过程中的隐性知识具有难以理解、不易用语言表达等特点，使沟通受到限制，影响了数据的可靠性。最后，从复杂性角度看组织系统是非线性的，不能被任何线性系统加以近似，它是具有创造力的必然存在于远离平衡的状态。所以用还原法去寻求组织行为特定的因果关系是不可行的，即使是后见之明（hindsight），其提供的数据信息对于组织演进的未来也是没有多大作用的。

因此，项目研究应专注于项目组织行为的不规则模式的重要性以及系统类型的合法性，探求行为模式及其系统性影响而不是寻找其因果关系。复杂性视角认为研究并不能产生预见性的结果或是创新成功的诀窍，但是能够解释分析系统的动力学特征以及这种动力学特征与创新成功之间的关系。目前，对于项目组织复杂性研究尚处于理论研究的初级阶段，远没有形成统一的理论体系，需要鼓励更多视角的理论概念的提出来解释项目的行为。

理想中的研究模型应该是描述性的而不是规范性的，这种研究提倡适用的管理响应应该允许系统通过"意义建构"的过程引导系统向更具有适应性的层次发展，寻找系统行为的发展路径而不是试图追求系统行为的控制性。这种系统环境复杂性也暗示着项目管理者要学会建立和维持同那些项目利益相关者之间的互动关系，不管是组织内部的还是组织外部的。因此，管理风格必须强调从"控制"到"涌现"的转变。

六、风险管理方法的"涌现"

"涌现"是复杂性系统在自组织过程中呈现的一种全新协同模式与性质。自组织系统与外界持续交换物质与能量，始终处于远离平衡的状态，这种远离平衡的系统有意识行为能够放大系统内部的随机事件，使全新的秩序和行为在系统整体上或者宏观层面上"涌现"成为可能。

工程项目系统的运动过程同样会呈现"涌现"的特征。工程项目主体为了项目顺利完工，存在强烈的联合行动意愿，彼此交流和学习进而推广经验，并且联合行为持续形成和构建，整个组织行为变得难以精确预测。在这种项目主体行为的自组织过程与学习反馈过程中，项目主体的细微行为逐渐被增强放大从而引发组织的巨变，新的组织模式、新的战略方向、新的技术解决方案、新的管理方法以及为利益相关者创造新的附加价值得以"涌现"，这绝不是什么有意识的项目计划控制的结果。因此，项目风险管理应该关注项目行为主体之间的连接关系，研究系统中简单的行为决策规则如何导致组织整体上行为模式的涌现，应该能动地平衡项目计划与项目控制之间的关系，注重保持对具体项目情境的敏感性，综合采纳项目组织主体的各种观点，促使项目成功管理方法和创新技术的

"涌现"。

要实现有效管理方法的涌现和降低项目主体行为风险，需要从利益相关者项目关系和项目组织建设两个方面加强管理。

（1）利益相关者项目关系管理。

1）树立有效执行的强有力的组织愿景和价值观，构建项目利益相关者之间的承诺，动态管控项目利益相关者之间各种利益诉求冲突。

2）增强项目行为主体之间的相互信任，提高公司的声誉和品牌美誉度，从而不断提升项目关系质量，这有助于减少道德风险。

3）建立项目利益相关者之间持续的互利关系和公平合理的风险分配机制，合作的基础不是单纯的信任关系，而是关系的持续性。

4）对于项目决策管理者而言，要注重建立和维持同项目利益相关者之间的互动关系，善于平衡项目计划控制与项目主体自我承诺之间的关系。因此，管理风格必须强调从"控制的"到"涌现的"转变。

（2）项目组织建设管理。

1）强化项目组织行为主体的技能和知识训练，鼓励群体性学习活动，能够有效运用新技术和新思维应对不断变化的外部环境和内部冲突。

2）构建层次简单的组织结构，畅通沟通渠道，增大项目信息透明度，明细项目目标和各项任务范围，有效降低项目与行为主体之间的分歧和误解。

3）调整项目组织与外部环境之间的关系，降低项目组织对外部环境不确定性资源的依赖程度，实现复杂工程项目柔性化管理。

4）创造项目组织成员文化的差异化，鼓励自发形成非正式的自组织团体，只有当组织非正式网络处于混沌状态之中，组织行为不断学习、调整、转换、适应，推动组织系统在宏观层面涌现出全新的秩序和行为状态。

第五节　本章小结

工程项目涉及众多利益相关者，项目主体价值观具有多元性，项目主体之间相互作用及其与外部环境交互作用加剧了项目组织及其行为管理的复杂性。本章探讨了工程项目系统的复杂性特征，重新界定了项目管理的复杂性，尝试运用复杂性分析方法研究工程项目主体行为风险，并提出基于复杂性分析的工程项目风险管理综合框架以及针对性的管理对策。

首先，通过相关研究文献回顾梳理了复杂性理论涉及的研究领域，阐明了复杂性思维、复杂性系统、复杂性应用范围等基本问题。

其次，通过对工程项目复杂性的分类和溯源，归纳描述了工程项目管理的非线性、自组织、涌现性等复杂性特征；指出工程项目系统具有复杂性系统的全部特征，也是系统整体行为呈现新的有序、新的结构和新的模式，即系统的"涌现"现象。

再次，从工程项目的不确定性和项目组织的复杂响应过程剖析入手，探讨了工程项目主体行为的系统复杂性，为进一步有效管理其主体行为风险提供依据。

最后，从项目管理本体论、项目管理自组织过程分析、项目利益相关者关系分析、项目管理领导力匹配、项目管理研究方法以及项目风险管理方法的涌现等方面，阐述了复杂性理论在工程项目管理中的应用情境和场景。

第七章 工程项目主体行为风险的博弈分析

工程建设项目的参与主体包括承包商、业主、材料设备供应商、建设监理方、政府职能机构等单位。主体之间存在大量的契约合同关系，彼此约束和影响对方的行为和选择，相互之间根据合同关系承担义务和履行自己的职责。因为社会分工的深化，以业主、承包商和监理方为主体的工程项目发包体系、承包体系和技术服务体系共同组成了三元建筑市场。业主、承包商和监理之间存在经济学上的委托代理关系，一是业主委托承包商完成工程项目的施工，二是业主委托监理对承包方的行为进行专业化的监督。

一般情况下，工程项目的各利益主体为了完成一个共同目标，彼此协调、合作发展。但是，由于每个行为主体同时也是追求利益最大化的独立的市场个体，各利益相关者的目标不可能都一致，必然存在冲突的现象，项目主体的特定行为给项目运营带来潜在的风险。如承包商可能为了利益最大化粉饰公司的资质信用、偷工减料、隐瞒质量问题、以次充好；监理为了获取超出正常收益的额外好处，采用偷懒、减少必要的检查程序、同承包商合谋；业主可能根据自己的主观意愿随意变更项目要求、拖欠施工款项等。

第一节 工程项目管理的逆向选择和道德风险

按照经济学原理，行为主体总是在一定的约束前提下获取利益的最大化。对于业主单位来说，其目标是追求工程项目建设质量、成本和效用，他可能选择对项目实施过程中承包商的行为进行监督或不监督。对监理单位而言，可能在自己利益最大化的情况下，选择努力、不努力或与承包人之间共谋等行为。对承包人可能选择"寻租"、守法经营或违背行规等行为。因此，各行为主体之间存在行为选择策略和效用均衡的问题，也就是博弈的过程。

一、逆向选择和道德风险的表现形式

逆向选择是指因为交易双方信息的不对称，买家并不知道众多卖家的优劣，只愿意按照市场平均价格支付。于是，优质品因得不到足额支付选择退出市场，而劣质品却留在了市场上，形成了"劣胜优汰"的资源配置扭曲现象。

工程项目招标阶段，业主占有工程项目的信息优势，总希望选择信誉好、质量高、报价低的承包商，可能会利用信息的优势隐瞒项目相关的施工条件和工艺风险。而各个投标的承包商并不完全了解业主的项目目标、资金支付能力、项目技术手段的具体要求等方面信息，但是为了获得标的就要击败众多竞争对手，可能会选择隐瞒和粉饰自己的施工资质、信誉、技术水准和施工质量等信息，这也是业主很难掌握的信息。有的承包商甚至不顾成本压低报价，目的就是先拿到标的，然后再设法进行预算追加和恶意索赔，实在不行还可以私自转包和分包从而转嫁风险，严重影响项目质量。这就是"逆向选择"给业主带来的不利结果。

道德风险是指由于信息不对称，契约双方为了最大化自身的经济利益，选择不利于他人的行为，从而造成对方不该有损失的一种可能性。一般"道德风险"是因为合同一方很难能够观察到签约另一方的行为，也是由于信息不对称等导致。道德风险不代表道德败坏，道德风险的定义前提是，施加损害的一方没有损害合同相对方的主观意愿，仅是出于追求自身利益最大化而理性选择行为的结果。它强调的是一种风险的可能性，而道德败坏则强调的是行动事实。

在工程项目施工阶段，承包商掌握工程项目的整体信息，而业主掌握的项目信息有限；承包商考虑的主要是工程款和足额的利润，业主关心的是项目质量和施工进度。承包商在施工进度、技术工艺指标、成本费用以及施工质量方面完全掌握着信息优势权，为了自身利益最大化可能会选择粗制滥造、以次充好、虚报工程量甚至向监理"寻租"等行为。业主为了消除这种信息不对称，只有委托第三方即监理公司来监督承包商的行为。而监理公司相对于业主具有项目管理专业知识的优势，施工现场的监督时间远比业主充分，同时比业主拥有更多关于承包商的私人信息，这就形成业主与监理之间的信息不对称，同样监理出于自身利益考虑可能会选择努力和不努力工作甚至可能接受承包商的"寻租"隐瞒质量问题,从而损害业主利益。

二、市场准入监管模型

业主通过对监理方、设计方、承包商及供应商等进行资质、信誉、过往施工记录等方面的综合分析,选择表现最优者,可以杜绝不合格的投标者进入市场。不失一般性地,假设业主行为可以选择监管和不监管,投标方行为有合格与不合格两种,监管概率为 α,合格概率为 β。用 C 代表监管的成本,S 代表不合格投标方进入市场给业主带来的预期损失,R 代表合格投标者进入市场的收益,R′代表不合格投标方的预期收益,通常其投入成本较低,一般有 R>R′。则市场准入监管模型的支付矩阵如表 7-1 所示。

表 7-1　市场准入监管支付矩阵

业主		投标方	
		合格	不合格
	监管	-C, R	-C, 0
	不监管	0, R	-S, R′

显然上述支付矩阵不存在纯策略意义的纳什均衡,根据纳什定理这种有限策略博弈存在混合策略的纳什均衡。用 U_o 表示业主的期望效用,U_t 表示投标方的期望效用,得到:

$$U_o = \alpha\left[(-C)\times\beta+(-C)\times(1-\beta)\right]+(1-\alpha)\left[0\times\beta+(-S)\times(1-\beta)\right]$$

$$= -\alpha C-(1-\alpha)(1-\beta)S \tag{7-1}$$

$$U_t = \beta\left[R\times\alpha+R\times(1-\alpha)\right]+(1-\beta)\left[0\times\alpha+R'\times(1-\alpha)\right]$$

$$= \beta R+(1-\alpha)(1-\beta)R' \tag{7-2}$$

对上述效用函数求解微分,可以得到最优化一阶条件:

$$U'_o(\alpha) = C+(1-\beta)S = 0$$

$$U'_t(\beta) = R-(1-\alpha)R' = 0$$

$$\beta^* = 1-\frac{C}{S} \tag{7-3}$$

$$\alpha^* = 1-\frac{R}{R'} \tag{7-4}$$

根据模型的纳什均衡解，业主应该以 α^* 的概率实施监管，投标方的合格概率为 β^*。也就是说，如果业主用高于 α^* 的概率实施监管，则选择的对象都是合格的；如果投标方合格概率大于 β^*，则业主的最佳选择是不需要监管的。

均衡解的意义在于：

（1）业主方的有效监管概率取决于两个因素，合格投标者的进入市场预期收益 R 和不合格投标方的预期收益 R′。R′值越大，α^* 值相对越大，实施监管的困难越大，因为不合格的投标方能够得到更大的预期收入，其进入市场的愿望更加迫切。R 值越大，α^* 值相对越小；相反，R 值越小，α^* 值相对越大，说明当合格者市场预期收益较小时，会选择不进入市场，造成监管更加困难，逆向选择的现象就会形成。

（2）投标方作为监管对象其合格率取决于两个因素，即业主实施监管的付出成本 C 和不合格投标者进入市场带来的预期损失 S。监管成本 C 值越大，β^* 值越小，说明监管行为难度大，业主选择合格投标方的概率就较小。相反，不合格投标者进入市场带来的预期损失 S 值越大，业主的监管力度就会增大，可以选择的合格对象概率就较大。

三、项目建设阶段监管博弈模型

项目实施阶段，项目利益相关者各方对项目参与主体进行监控是可以做到的。这里部分参与主体既可以是监控方，也可以是被监控对象。监控一方是要支出监控成本的，对于遏制被监控方的"寻租"行为还是有必要的，前提是满足监控支出与收益损失之和必须小于"寻租"方的额外收益与罚没款项之和，否则监控没有实质性意义。

依据上述分析，建立一个完全信息的二元博弈模型，设 R_n 被监控方的正常净收益，R_e 为被监控方的"寻租"行为所得租金，C 为监控成本支出，S 为被监控方给项目带来的损失，F 是"寻租"行为被查处后的罚没款项。假设前提 $C+S<R_e+F$，该模型没有纯策略纳什均衡。其支付矩阵如表 7-2 所示。

表 7-2　监控博弈效用矩阵

利益相关者 监控方		被监控行为主体	
		"寻租"	不"寻租"
	监控	F+Re−C−S, −F−Re	−C, Rn
	不监控	−S, Re+Rn	0, Rn

用 α 表示监控方利益相关者的监督概率，β 表示被监控方的"寻租"概率，用 U_o 和 U_t 分别表示监控方与被监控方的期望效用函数，求解模型的混合策略纳什均衡解。则有：

$$U_o = \alpha[(F+Re-C-S)\times\beta-C(1-\beta)]+(1-\alpha)[-S\times\beta+0\times(1-\beta)]$$
$$= (F+Re)\alpha\beta-\alpha C-S\beta \tag{7-5}$$

$$U_t = \beta[(-F-Re)\times\alpha+(Re+Rn)\times(1-\alpha)]+(1-\beta)[Rn\times\alpha+Rn\times(1-\alpha)]$$
$$= \beta[Re-\alpha(2Re+Rn+F)]+Rn \tag{7-6}$$

求效用函数微分，可得最优化一阶条件：

$$U'_o(\alpha)=(F+Re)\beta-C=0$$

$$U'_t=Re-\alpha(2Re+Rn+F)=0$$

$$\alpha^* = \frac{Re}{2Re+Rn+F} \tag{7-7}$$

$$\beta^* = \frac{C}{F+Re} \tag{7-8}$$

根据纳什均衡解，监控方选择以 α^* 的概率实施监管控，而被监控对象以 β^* 的概率选择"寻租"行为。如果被监控方"寻租"行为概率小于 β^*，监控方的最优选择是不监控；若"寻租"行为概率大于 β^*，选择实施监控；如果"寻租"行为概率等于 β^*，监控方随机选择不监控或者监控。对于被监控对象，如果监控概率大于 α^*，被监控方选择不"寻租"；如果监控概率小于 α^*，选择"寻租"行为；监控概率等于 α^*，被监控方随机选择"寻租"或者不"寻租"。

均衡解的意义在于：

（1）监控方的行为概率由三个因素决定：被监控方的正常净收益 Rn，被监控方的"寻租"行为所得租金 Re，"寻租"行为被查处后的罚没款项 F。F 值越大，表示对"寻租"行为的打击力度越大，被监控方的违规行为就会减少，监控的行为概率就小。租金 Re 越大，"寻租"的行为动机越强烈，监控的概率就越高，监控难度增加。被监控方的正常收益 Re 就越高，被监控方违规可能性减小，监控的概率也减小。事实上中小型项目的"寻租"行为现象比大型项目较为普遍。

（2）被监控方的"寻租"行为概率取决于三个因素：被监控方的"寻租"行为所得租金 Re，监控成本支出 C，"寻租"行为被查处后的罚没款项 F。监控成本 C 越大，监控难度增加，"寻租"的可能性就加大；惩罚力度 F 越大，"寻租"的行为就会减少；租金 R_e 增大，必然招致监督力度的加大，因而被监控方不敢违规，表现为 β^* 值降低了。

第二节　项目主体"寻租"行为的成本收益分析

工程建设项目中的参与主体在追求利益最大化的博弈中，业主、承包商、监理公司、政府机构等存在行贿、受贿、权钱交易等"寻租"与给租行为的可能性。其产生的客观原因是市场投资资源相对稀缺而竞争主体相对过剩以及经济转型期市场监管法规制度不够健全等方面。主观上经济人的"寻租"行为准则是只要预期收益超过预期成本，就存在行为的可能性。

承包商为了获得工程项目的承包权，可能会向掌握项目工程发包权力的业主代表或政府机构和个人支付贿金，以获得更大额度的租金收益。监理师掌握着设计施工方案审批、设备材料供应质量把关、安全投入控制、工程项目现场监督以及工程量核算检查等也委托的众多权利，承包商、材料设备供应商可能会向其提供贿金以便换取更多的收益。不失一般性地，我们考察寻租人（对应符号 r）与权利人（对应符号 b）之间的双边寻租模型。

"寻租"人 r 通过向权利人 b 支付贿金（设为 B）以换得租金收益（设为 R）。交易过程中，"寻租"人除了需要支付贿金 B，还会发生其他的诸如时间精力和心理成本以及隐藏自己行为的费用支出，设其"寻租"总成本为 C_r，显然 $C_r > B$。只有当 $R > C_r$ 时，"寻租"行为对于"寻租"人才具有实质意义。

权利人 b 获得贿金 B，同时承担可能的罚金和心理成本，设其总成本为 C_b，则 C_b 包括两部分：受贿成本即交易败露后可能受到的罚金和受租的心理成本，它与贿金 B 正相关，这里设为 $C_{b1}(B)$；以及权利人的给租成本，包括给租的费用支出和心理成本，它与 R 租金相关，不妨设为 $C_{b2}(R)$。因而有权利人总成本表达式：

$$C_b = C_{b1}(B) + C_{b2}(R) \tag{7-9}$$

行为主体是否采取"寻租"行为的必要条件可以表示为：

$$R > Cr > B > C_b = Cb_1(B) + C_{b2}(R) \tag{7-10}$$

公式（7-10）的经济学解释是：

（1）只有 R>C_r 时，"寻租"收益超过"寻租"成本，"寻租"人有利可图，才会参与"寻租"交易活动。租金 R 其实意味着项目所有权人的利益损失，权利人的给租行为导致 R 的转移，其行为目的可以视为与"寻租"人共同合谋瓜分租金 R，可见其所获贿金 B 就是租金 R 的一部分。

（2）只有 B>C_b 时，收益超过成本支出，权利人才会参与"寻租"交易活动。C_b 同"寻租"行为败露的概率 P、惩罚力度 d 以及监控成本 S 等因素有关。惩罚力度 d、败露概率越大，"寻租"行为越容易被查处，C_b 就越大；监控成本 S 越大，监控行为越困难，"寻租"行为则越不易被查处，C_b 相对就较小。

（3）当受租成本 C_b 与租金 R 值一定，C_r-B 值越大，"寻租"和受租的可能性就越小。反之，C_r-B 值越小，"寻租"和受租的可能性就越大。因为"寻租"成本 C_r 越大，"寻租"人选择"寻租"的动机变小；租金 B 越小，权利人受租的激励也将变小。

（4）当租金 R 值与贿金 B 值一定，增加"寻租"行为的查处力度和惩罚强度必然导致成本 C_b 值的上升。当 $C_b \geq B$ 时，权利人必然选择停止"寻租"交易。所以对"寻租"行为的监控力度和处罚制度决定了受租人的预期成本和预期收益。如图 7-1 所示。

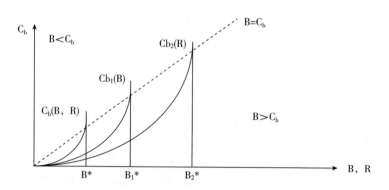

图 7-1 "寻租"行为成本收益分析

关于情况 B*。提供租金 R 和接受贿金 B 的行为皆属于非法行为并且严惩。提供租金 R 越大越有可能被查处，相应的受租成本 C_b 增大。这时受租人需要获得更大的租金 B 来补偿风险的增加，而租金 B 的提高又带动 C_b 的增加，因此 R 和 B 的变动共同作用导致总成本 C_b 的增大。租金 B 的支付要同时考虑 R 与 B 分别引起的 C_b 增加。则有：$C_b = C_{b1}(B) + C_{b2}(R)$；满足：

$$B-C_b=B-C_{b1}(B)-C_{b2}(R)\geqslant 0,\ B\leqslant B^* \tag{7-11}$$

关于情况 B_1^*。提供租金 R 不算违法，接受贿金 B 属于违法。租金 R 的增加不会导致 C_b 的增大，因为 $C_{b2}(R)=0$。不需要提高 B 租金来补偿受租人，因此 $R-C_r$ 的值明显大过 $B-C_b$ 的值，"寻租"人的分享租金份额远大过受租人的份额。则有：$C_b=C_{b1}(B)+C_{b2}(R)=C_{b1}(B)$；满足：

$$B-C_b=B-C_{b1}(B)\geqslant 0,\ B\leqslant B_1^* \tag{7-12}$$

关于情况 B_2^*。提供租金 R 给"寻租"者属于非法行为，而接受"寻租"者的贿金 B 却被认可。租金 R 的提供增加引起 C_b 的增大，需要增加受租者的好处 B 加以弥补。但 B 的增加此时并不增大 C_b，因而 $B-C_b$ 的值逐渐接近 $R-C_r$ 的值，受租人的租金分享份额增加。则有：$C_b=C_{b1}(B)+C_{b2}(R)=C_{b2}(R)$；满足：

$$B-C_b=B-C_{b2}(R)\geqslant 0,\ B\leqslant B_2^* \tag{7-13}$$

由以上分析可知，当法律制度同时严惩受贿和给租行为，将构成对权利人的紧约束，从事前监控机制来看，法律制度的严谨降低了"寻租"人的收益预期，提高了行为风险门槛，增加了"寻租"人的道德心理成本和隐藏掩饰行为的费用，从而降低了权利人给租的动机，如图 7-1 所示的 B^* 的数值范围最小能够说明这一点。

第三节 工程项目主体行为博弈分析

工程项目过程中，项目参与主体分别承担不同的职能，相互之间建立一定的经济互利合作关系。主体之间典型的合同关系如业主与监理公司、承包商之间是委托代理关系，监理公司与承包商之间形成事实上的监督与被监督的关系。由于项目主体间客观存在信息不对称性，项目主体的理性人假设决定了其行为选择策略以实现自身的最大化利益为准则，必然可能会损害其他主体的利益。业主可能选择监督和不监督，承包商可能选择"寻租"和不"寻租"，监理可能选择参与"寻租"和不参与"寻租"。因此，业主、监理、承包商之间的博弈行为其实就是业主等项目利益相关者监控承包商与监理"寻租"行为的博弈。

一、博弈模型的假设和支付矩阵

依照前文分析，可以假设业主有两种可供选择策略：监控（设其概率为 θ）

与不监控（概率为 1-θ）；监控的结果分为成功发现"寻租"活动（设其概率为
γ）和没有成功发现"寻租"活动（概率为 1-γ）；监理与承包人的行为策略选
择也只有两种："寻租"（设其概率为 β）或"寻租"（概率为 1-β）。业主与另
外双方是非合作的博弈方式，如果各方严格履行合同，各方支付付值为 0；如果
发生"寻租"行为，各方之间的支付值是个相对变化量。

如果监理接受承包人给予的好处 R，参与"寻租"活动给承包人提供便利，
承包人因而获得超额利润（设值为 P），显然 P>R，承包人的收益为 P-R。这种
行为给业主带来的损失 kP，k 是业主损失的放大系数，业主如果对项目进行监控
需要付出成本代价设值为 S。

假设存在"寻租"行为且业主监控前提下，如果监控成功，则对"寻租"
人监理和承包人分别没收其不当收益并且处以罚金 mR 和 n（P-R），其中 m、n
代表惩罚力度系数。此时，业主、监理师、承包人的支付分别是 mR+n（P-
R）-S、-mR、-n（P-R）。如果监控不成功，三者的预期收益分别是-kP-S、
R、P-R。

假设存在"寻租"行为而业主没有采取监控措施的前提下，三者的支付分
别是-kP、R、P-R。

假设没有存在"寻租"行为且业主监控的前提下，三者的支付是-S、0、0。

如果不存在"寻租"行为且业主没有实施监控，三者的支付为 0、0、0。

根据上述假设状况可以得到博弈各方的支付矩阵，如表 7-3 所示。

表 7-3　业主、监理、承包商的支付矩阵

	监控（θ）		不监控 （1-θ）	
	成功（γ）	不成功（1-γ）		
寻租 （β）	-mR	R	R	监理师
	-n（P-R）	P-R	P-R	承包商
	mR+n（P-R）-S	-kP-S	-kP	业主
不寻租 （1-β）	0	0	0	
	0	0	0	
	-S	-S	0	

二、三方博弈模型求解

（1）当"寻租"人以概率 β 选择寻租行为时，业主实施监控和不监控情形

下的收益函数分别是：

$$U_o = \beta \times \{[mR+n(P-R)-S] \times \gamma + (-kP-S)(1-\gamma)\} + (1-\beta)[-S\gamma - S \times (1-\gamma)]$$

$$(7-14)$$

$$U'_o = \beta(-kP) + (1-\beta)(-kP) \tag{7-15}$$

当业主实施监控与不监控的预期效用没有差异时，可以得出三方博弈监理与承包商选择"寻租"行为的最优概率 β^*，令 $U_o = U_o'$，解得：

$$\beta^* = \frac{S-kP}{\gamma[mR+n(P-R)+kP]-kP} \tag{7-16}$$

（2）当给定业主实施监控的概率 θ 时，监理方选择"寻租"与不"寻租"情形下的预期收益函数分别是：

$$U_s = \theta \times [-mR\gamma + (1-\gamma)R] + (1-\theta)R \tag{7-17}$$

$$U_s' = 0 \tag{7-18}$$

当监理师参加"寻租"与不"寻租"行为的预期效用没有差异时，可以得出业主选择进行监控的最优概率 θ_1^*，令 $U_s = U_s'$，解得：

$$\theta_1^* = \frac{1}{\gamma(1+m)} \tag{7-19}$$

（3）当给定业主实施监控的概率 θ 时，承包人选择"寻租"与不"寻租"情形下的预期收益函数分别是：

$$U_t = \theta \times [-n(P-R)\gamma + (P-R)(1-\gamma)] + (1-\theta)(P-R) \tag{7-20}$$

$$U_t' = 0 \tag{7-21}$$

当承包人参加"寻租"与不"寻租"行为的预期效用没有差异时，可以得出业主选择进行监控的最优概率 θ_2^*，令 $U_t = U_t'$，解得：

$$\theta_2^* = \frac{1}{\gamma(1+n)} \tag{7-22}$$

综合分析可以得到博弈模型的混合策略纳什均衡解：

$$\{\beta^*, \theta_1^*\} = \left\{\frac{S-kP}{\gamma[mR+n(P-R)+kP]-kP}, \frac{1}{\gamma(1+m)}\right\} \tag{7-23}$$

$$\{\beta^*, \theta_2^*\} = \left\{\frac{S-kP}{\gamma[mR+n(P-R)+kP]-kP}, \frac{1}{\gamma(1+n)}\right\} \tag{7-24}$$

三、博弈模型均衡结果分析

（1）业主追求利益最大化，承包商和监理选择"寻租"行为的分析。如果承包商和监理选择以概率 β>β* 进行合谋损害业主利益，业主则需选择实施监控措施；如果承包商和监理选择以概率 β<β* 进行"寻租"活动，业主则需选择不实施监控；如果 β=β*，业主的最佳策略是随机选择监控或是不监控。

式（7-16）中，监理和承包人的最佳"寻租"概率值 β* 与变量 S、k、P、γ、m、n、R 相关。由于超额利润值 kP 和租金 R 不是业主所能控制的，可以视作常量。而变量监控成本 S 与 β* 正相关，惩罚力度系数 m、n，监控成功概率 γ 同 β* 负相关。所以，业主可以通过降低监控成本 S，加大对"寻租"行为的惩罚力度，提高监控工作效率 γ，从而有效降低承包商和监理的"寻租"概率 β* 值。

（2）监理追求自身利益最大化倾向较为严重时，业主选择监控的最优概率 θ_1^*，如果业主实施监控行为的概率 $\theta>\theta_1^*$，监理只能是尽心尽力履行监督承包商行为的职责，不会选择参与"寻租"行动。如果业主实施监控行为概率 $\theta<\theta_1^*$，监理将会选择参与"寻租"行动。当实施监控行为的概率 $\theta=\theta_1^*$，监理可以随机选择参与或不参与"寻租"行为。

式（7-19）中，θ_1^* 值同变量 γ、m 负相关，所以业主可以通过提高监控工作质量增大 γ 值，加大对监理违规的惩罚系数 m 值，从而降低监理参与"寻租"活动的概率 θ_1^* 值。

（3）承包商追求自身利益最大化倾向较为严重时，业主选择监控的最优概率 θ_2^*，如果业主实施监控行为的概率 $\theta>\theta_2^*$，承包商不会选择参与"寻租"行动。如果业主实施监控行为概率 $\theta<\theta_2^*$，承包商将会选择参与"寻租"行动。当实施监控行为的概率 $\theta=\theta_2^*$，承包商可以随机选择参与或不参与"寻租"行为。

式（7-22）中，θ_2^* 值同变量 γ、n 负相关，所以业主可以通过提高监控工作质量增大 γ 值，加大对承包商违规行为的惩罚系数 n 值，从而降低承包商参与"寻租"活动的概率 θ_2^* 值。

（4）总之，根据模型均衡解式（7-23）、式（7-24），工程建设项目中，业主要想有效遏制工程监理和工程承包中的"寻租"活动，首先应该改进监控工作质量，提高监控成功概率 γ，其次设法降低监控成本 S，最后配合使用惩罚力度系数 m、n，这一点可以在事前的委托代理契约中明确规定下来，将会有效地降低监理和承包商在项目建设阶段的"寻租"概率。

第四节　工程项目行为主体的激励机制博弈分析

前面的委托—代理模型分析中，倘若代理人的行为很难被委托人观察，那么合约订立以后，这种隐藏的行为可能产生道德风险，损害双方的利益。委托人可以通过事前的监控和事后的严惩来降低风险，也可以与代理人签订某种标准合约，规定依据双方都可以观察到的因素，如项目产出和利润等指标，向代理方支付报酬或者奖惩对代理人进行激励。

目前主要的激励合约模型中，假设委托人和代理人都是理性的经济人，在一定条件约束下都有最大化自己利益的倾向，代理人接受委托的前提是合同收益要大于或等于不接受委托时的收益（保留效用）。委托人选择委托行为的条件是委托合约能够给自己带来比不委托更大的收益，因此只需给代理人恰好等于保留效用的报酬或者说比保留效用稍微再多一点。委托人无法直接观察到代理人的努力程度，但是可以通过满足激励相容约束条件，从而对代理人的行为水平做出间接判断。不失一般性地，下面选择建筑工程项目中的业主和监理作为委托代理关系的博弈双方，分析建设项目中行为主体之间的激励机制。

一、基于理性人假设的委托—代理模型

假设1：业主与监理之间委托关系基于某种标准合同，委托监理对工程项目进行监督管理。业主能够选择支付报酬函数。

假设2：监理的生产函数与努力程度是简化了的线性关系，π表示产出，a表示监理努力程度，是一个一维连续变量。$\pi = a + \theta$，θ是均值为0、方差为σ^2的正态分布的随机变量，表示监理的产出不仅由努力程度决定，而且还受到外生的不确定因素影响。有：均值 $E\pi = E(a+\theta) = a$；方差 $Var(\pi) = Var(a+\theta) = Var(a) + Var(\theta) = \sigma^2$。

假设3：业主的风险态度是风险中性的，其期望效用等于期望收益，$UE(x) = EU$。监理风险态度是风险规避的，其宁可获取确定性收益也不愿意获取随机性收益。监理还具有机会成本，即保留收入水平 $\overline{\omega}$，$\overline{\omega} > 0$。

当委托人业主和代理人监理的绝对风险规避度都是常数的情形下，合约最优

是线性的。考虑监理与业主之间的线性合约：$S(\pi)=\alpha+\beta\pi$。其中，α 是监理的固定报酬，β 是监理分享产出的份额，表示 π 每增加一个单位时，监理的收入也增加一个 β 单位。由于业主是风险中性的，对于给定 $S(\pi)=\alpha+\beta\pi$，业主的期望效用函数为 $U[\pi-S(\pi)]$，等价于期望收益，则有：

$$
\begin{aligned}
U[\pi-S(\pi)] &= E\{U[\pi-S(\pi)]\} = U\{E[\pi-S(\pi)]\} \\
&= U\{E[-\alpha+(1-\beta)\pi]\} = U[-\alpha+(1-\beta)a] \\
&= -\alpha+(1-\beta)a
\end{aligned}
\tag{7-25}
$$

因为监理的效用函数具有风险规避特征，设绝对风险规避度 ρ、ω 是监理的实际货币收入，则效用函数可以表示为：$u=-e^{-\rho\omega}$。

设监理努力成本 $C_{(a)}$ 等价于货币成本，表示为 $C_{(a)}=ba^2/2$，$b>0$ 是监理的努力成本系数，b 值越大，表示努力的负效用就越大。那么，监理的实际收益就是：

$$
\omega=s(\pi)-c(a)=\alpha+\beta(a+\theta)-\frac{ba^2}{2}
\tag{7-26}
$$

设监理的风险成本是 $\rho\beta^2\sigma^2/2$，表示监理是风险规避的，宁可放弃 $\rho\beta^2\sigma^2/2$ 的收益，用以换取确定性收入 x。由于监理的风险态度是风险规避的，其确定性收入等价于随机收益的均值扣除风险成本。故确定性收入 x 为：

$$
E\omega-\rho\beta^2\sigma^2/2=\alpha+\beta a-\rho\beta^2\sigma^2/2-ba^2/2
\tag{7-27}
$$

监理最大化期望效用函数 $Eu(\omega)=-Ee^{-\rho\omega}$ 同确定性收入是等价的，有：

$$
Eu=x=\alpha+\beta a-\rho\beta^2\sigma^2/2-ba^2/2
\tag{7-28}
$$

基于理性经济人假设，监理参与接受合同的约束条件（IR）就是：

$$
\alpha+\beta a-\frac{\rho\beta^2\sigma^2}{2}-\frac{ba^2}{2}\geq\overline{\omega}
\tag{7-29}
$$

对于业主给监理的激励约束条件（IC）有两种可能的情形分析如下：

（1）业主能够观察到监理的努力程度 a 时。此时，激励约束没有作用，因为对于任何的 a 值，都能够通过满足式（7-29）实现。业主只需要确定合同参数 α、β、a 来获得期望效用最大化，最优化模型如下：

$$
\max_{\alpha,\beta,a}[-\alpha+(1-\beta)a]
$$

$$
\text{s. t. (IR)}\ \alpha+\beta a-\frac{1}{2}\rho\beta^2\sigma^2-\frac{ba^2}{2}\geq\overline{\omega}
\tag{7-30}
$$

理性人假设可知等式成立是必然的，将第二式中的 $-\alpha$ 代入目标函数，然后求导得到一阶条件：$a^* = 1/b$，$\beta^* = 0$；进一步解得 $\alpha^* = \overline{\omega} + 1/2b$。

$\beta^* = 0$，表示监理并不承受任何合同风险，其收益与产出没有关联；$\alpha^* = \overline{\omega} + 1/2b$ 表示业主支付给监理的固定报酬等于监理的保留收入水平加上一个努力成本（$1/2b$）。由于业主能够观察到监理的努力程度 a，只要监理的努力程度 $a < a^* = 1/b$ 时，业主就可以支付较少的 $\alpha < \alpha^* = \overline{\omega} + 1/2b$。

（2）更普遍的情形是信息不对称的存在使业主很难观察到监理的努力程度。基于理性人假设，监理将会最大化其收益（确定性收入 x），对式（7-28）求导，$\partial x / \partial a = \beta - ba = 0$，解得：$a = \beta/b$。此时，如果监理不承担任何风险（$\beta = 0$），则有其努力程度 $a = 0$，显然不是理性人业主希望的结果，业主需要重新确定参数 α、β、a，设计一个激励合同不但使监理收入满意，自己同时获得期望效用最大化。最优化模型如下：

$$\max_{\alpha,\beta,a}\left[-\alpha+(1-\beta)a\right]$$

$$s.t.\ (IR)\ \alpha+\beta a-\frac{1}{2}\rho\beta^2\sigma^2-\frac{ba^2}{2}\geqslant\overline{\omega}$$

$$(IC)\ a=\frac{\beta}{b} \tag{7-31}$$

将参与约束条件 IR 和激励约束条件 IC（取等式）代入目标函数 max，得到：

$$\max_{\beta}=\left[\frac{\beta}{b}-\frac{1}{2}\rho\beta^2\sigma^2-\frac{b}{2}\left(\frac{\beta}{b}\right)^2-\overline{\omega}\right]$$

一阶求导可得：$\dfrac{1}{b}-\rho\beta\sigma^2-\dfrac{\beta}{b}=0$

可得：

$$\beta=\frac{1}{1+b\rho\sigma^2}>0 \tag{7-32}$$

此时，监理师的固定报酬为：

$$\alpha=\overline{\omega}+\frac{1}{2}\left(\rho\sigma^2-\frac{1}{b}\right)\frac{1}{(1+b\rho\sigma^2)^2} \tag{7-33}$$

监理的最优努力程度：

$$a=\beta/b=\frac{1}{b(1+b\rho\sigma^2)}<\frac{1}{b} \tag{7-34}$$

（3）上述结果就是基于理性人假设前提下监理和业主的最优合同设计。$\beta > 0$

意味着监理必须承受一定风险，β 同参数努力成本系数 b、生产函数的方差 σ 以及绝对风险规避度 ρ 负相关。监理师越是不愿努力付出、生产函数的产出方差越大、越是规避风险，其所承担的风险就越小。

从风险承担角度看，由 $a = \beta/b$，努力成本 b 越大，要想监理达到同等水平的努力 a，业主就要提供更大的产出份额 β，监理需要承担更多的风险。反之，努力成本 b 越小，β 就会更小，业主宁可用较低的努力程度来换得风险成本的节约。

从激励机制角度，当业主能够观测监理的努力程度时，双方不存在信息不对称，努力成本系数 b 值越大，根据 $a^* = 1/b$，最优水平的 a 值就越小。此时，合同达到帕累托最优，业主提供给监理固定的报酬 $\alpha^* = \overline{\omega} + 1/2b$。监理不承担任何风险（$\beta = 0$）。

当业主不能观测到监理的努力程度时，存在信息不对称现象，监理可能选择较小的 a 值，使 $a < a^*$，帕累托最优不能够实现。此时业主提供给监理的最优合约为：设计一个激励机制 $\beta > 0$，让监理师承担一定的风险，监理的最优努力程度 a 小于信息对称下的努力程度。监理可以将外界的不确定因素影响当作其没有努力付出的借口，躲避业主的责罚，显然监理偷懒了。

最优合约下，委托方业主的期望收益为：

$$EU = -\overline{\omega} + \frac{1}{2b(1 + b\rho\sigma^2)} \tag{7-35}$$

二、植入"公平偏好"的委托—代理模型

上述激励模型都假设业主（委托方）与监理（代理方）是理性经济人，委托人提供的支付分为两部分内容，一部分是给代理人的固定收入，等于或略大于代理人的保留效用；另一部分是与产出函数相关的变动收入，代理人必须承担一定的风险。其中一个假设前提是：代理人不考虑相对收入对其行为的刺激，仅考虑获得的绝对收入而做出行为反应。这是与现实有很大差距的，尤其存在其他的代理人时，代理人会对所获得的报酬与他人作比较，利益分配是否公平对其行为反应会产生很大的影响，也就是说存在着公平效应。

事实上，经济学假设的"理性人"基础受到很大的质疑，至少不能够解释所有人的行为。行为选择过程中，人们不可能都表现为完全理性，常常受到情感和偏好等心理因素的扰动。人们并不是纯粹的自私自利偏好，人们在追求个人收

益的同时还关注收益分配过程及行为动机是否公平。收入分配公平偏好是一种特殊形式的社会偏好，人们在关心自身收入的同时还关注与自身条件相同或类似的他人的收入。当收入相对低于他人时，可能产生嫉妒负效应，相对较高时，可能产生同情负效应，并且绝对差距相等时，收入嫉妒负效应高于收入同情负效应，总效用就是人们实际收入的直接效应与嫉妒负效应以及同情负效应的综合。基于公平分配收益原则，人们为了维护分配的合理公平可能会不惜牺牲自己的部分收入，目前应用最多的基于收入分配公平的模型是 FS 模型。

另一类研究模型基于行为动机公平，Rabin（1993）修正了传统博弈模型中的收益函数，提出了纳什均衡之外还存在"合作性均衡"。Rabin 认为"公平"（fairness）就是当他人对你做出善意行为，你也对他人友善；当他人对你做出恶意行为，你也对他人还以恶意，即"一报还一报"（tit for tat）。

20 世纪 80 年代，Axelrod R.（1997）连续进行了三次"囚徒困境重复博弈计算机程序奥林匹克竞赛"，测试人们博弈过程中到底选择什么策略获得的总支付会最大。结果发现，心理学家阿纳托尔·拉波拉特提出的"一报还一报"策略（TFT）获得冠军。TFT 策略做法简单，即第一回合采取"合作"策略，以后每一回合都采用博弈对手上一回合的策略。得出结论：好的策略是永远都不要先背叛；保持善良、宽恕、不嫉妒；合作基础不是真正的信任，而是关系的持续性。

事实和理论都证明了组织团体对其成员支付明显高于保留收入水平，会引起组织成员的公平偏好反应——更加努力付出并且具有忠诚度高的特征。这就是基于"公平性"规则下的行为反应，组织对个体友善，个体对组织也报以友善，表现在即使监督不存在，个体成员依然不会偷懒或者出现损害组织利益的行为，此时，个体针对组织"公平性"行为做出了"非理性行为"的反应。这样，基于公平偏好的考虑，当组织监督成本的节约超过组织对个体多支付的高于其保留效用的部分，组织的期望收益仍然表现为利益最大化，说明组织行为仍是理性的。

蒲永健基于 Rabin 的公平概念和"互惠性"理论，植入"公平偏好"因素对现有的委托—代理模型进行修正和改造，使之更具有适用性。按照其模型所设计的最有合约更具有激励效果，为委托人带来更大的期望效用。假定工程项目中，业主知道监理属于非理性的，行为上表现出 Rabin 模型中描述的"互惠性"：当业主牺牲部分收益让渡给监理师（也就是说，委托人给予代理人的固定报酬比传统委托—代理模型中的收入 α 多出一部分），监理出于"公平偏好"的行为动机，会在最有努力水平的基础上再增加一定数量程度的超额努力，结果是自己没有获得最大效益，但可以增加业主的收益，使业主在最优的期望收益 EU［见式（7-35）］之上获得更多的利润，在此基础上的激励设计更加有效率。

针对上节最优化模型（7-31），假设业主给予监理的固定报酬高于前面激励模型中的固定报酬 α［见式（7-33）］，设差额为 δ。监理基于"互惠性"反应比理性行为反应下的努力付出水平多出 a^* 单位努力量，对应的确定性收入为 $x = \overline{\omega} + \gamma$，$0 \leqslant \gamma < \delta$。设在监理是非理性人假设前提下的最优固定报酬为 α_0，则有：

$$\alpha_0 + \delta + \beta(a+a^*) - \frac{1}{2}\rho\beta^2\sigma^2 - \frac{b}{2}(a+a^*) = \overline{\omega} + \gamma \qquad (7-36)$$

求解得到：

$$a^* = \frac{1}{b}\sqrt{2b(\delta-\gamma) + (1-b\rho\sigma^2)\left[\beta^2 - \frac{1}{(1+b\rho\sigma^2)^2}\right]} \qquad (7-37)$$

将工资绩效因子 β（见式7-32）代入式（7-37）求出 a^*：

$$a^* = \frac{1}{b}\sqrt{2b(\delta-\gamma)} \qquad (7-38)$$

此时，理性委托人业主的期望收益为：

$$EU^* = -(\alpha_0+\delta) + (1-\beta)(a+a^*)$$

$$= -(\alpha_0+\delta) + (1-\beta)\left[\frac{\beta}{b} + \frac{1}{b}\sqrt{2b(\delta-\gamma)}\right] \qquad (7-39)$$

求微分，最优一阶条件为：

$$\frac{\partial EU}{\partial\delta} = -1 + \frac{1-\beta}{\sqrt{2b(\delta-\gamma)}} = 0 \quad \delta = \gamma + \frac{(1-\beta)^2}{2b} = \gamma + \frac{b\rho^2\sigma^4}{2(1+b\rho\sigma^2)^2}$$

则有业主的最大期望收益 EU^*：

$$EU^* = -\overline{\omega} - \gamma + \frac{1}{2b(1+b\rho\sigma^2)} + \frac{b\rho^2\sigma^4}{2(1+b\rho\sigma^2)^2}$$

$$= EU - \gamma + \frac{b\rho^2\sigma^4}{2(1+b\rho\sigma^2)^2} \qquad (7-40)$$

结论1：因为前提假设有 $0 \leqslant \gamma < \delta$，式（7-38）中 $a^* > 0$，说明监理的努力水平增加，相应地生产函数 π 值增加了。同时，根据式（7-37）可知，监理的当前收益相对于其理性人假设状态下的最大化收益反而有所减少，说明委托方业主的收益必定是增加了。因此，监理的非理性行为必然是基于"公平偏好"的互惠性行为。

结论2：在委托方业主是理性人而代理方监理是非理性人的情形下，根据式（7-40），只要满足条件$\dfrac{b\rho^2\sigma^4}{2(1+b\rho\sigma^2)^2}\geq\gamma$就有$EU^*\geq EU$，表明业主的期望收益超过双方都是理性人假设情形下的最优期望收益［见式（7-35）］。满足上面的式子，只需风险规避度$\rho\neq0$，方差$\sigma\neq0$，代理方监理的收益增加γ足够小（意味着代理方监理愿意牺牲部分应得的收益来报答业主对他的善意行为）。

结论3：根据式（7-37）可知，当δ、$\gamma>0$时，基于监理的非理性的"互惠性"行为设计的报酬契约，支付给委托—代理双方的报酬都超过了传统理性人假设下的报酬。说明基于理性人假设前提下监理和业主的最优合同设计［见式（7-33）和式（7-35）］并不是帕累托最优，可以通过引入"公平偏好"因素加以改善传统的委托—代理激励模型。

第五节　本章小结

工程建设项目的参与主体之间存在大量的契约合同关系，每个行为主体是追求利益最大化的独立个体，各利益相关者的目标必然存在着冲突，主体的特定行为给项目运营带来潜在风险。因此，各行为主体之间存在行为选择策略和效用均衡的问题，即博弈的过程。

首先，从分析项目主体之间契约签订前的"逆向选择"和签订后的"道德风险"现象入手，提出市场准入监管模型和建设阶段监控模型及其策略选择，分析了行为主体参与"寻租"活动的成本收益关系，指出：从事前监控机制看，法律制度同时严惩受贿和给租行为，将构成对权利人的紧约束，降低"寻租"人的收益预期，提高行为风险门槛，增加了"寻租"人的道德心理成本和隐藏掩饰行为的费用，从而降低权利人给租的动机。

其次，通过建设主体三方博弈行为分析，得出结论：业主要想有效遏制工程监理和工程承包中的"寻租"活动，应该改进监控工作质量，提高监控成功概率，设法降低监控成本S，同时加大惩罚力度，将会有效降低监理师和承包商在项目建设阶段的"寻租"概率。

再次，基于项目主体理性人假设，运用项目业主和监理之间的委托代理模型进行博弈分析。当业主不能观测到监理的努力程度时，存在信息不对称现象，监理师可能选择较小努力付出，帕累托最优不能实现。业主通过激励机制设计，让监理师承担一定的风险，博弈双方达到合约最优。

最后，引入"公平偏好"的概念结合上述委托代理模型分析，指出基于代理方的非理性"互惠性"行为设计的报酬契约，支付给委托—代理双方的报酬都超过了传统理性人假设下的报酬，从而更具有激励效率，是一种帕累托改善。

第八章 工程项目主体行为风险评价

在对工程项目各种风险因素进行识别和分析之后，风险评价和分析工作就变得非常重要和紧迫。项目评价分析过程是通过运用各种风险分析方法、技术和工具，帮助项目管理人员对项目的不确定性因素进行管控。在此基础上，制定出行之有效的响应措施、风险规避和管理计划、作出相对最优的风险管控决策。传统的风险评价大多是针对项目周期某个阶段或是单个风险因素进行评价和量化，没有全面综合考虑风险因素的系统性影响。项目主体对特定项目风险的态度和承受能力也是要考虑的主要方面。因此，可以认为项目风险评价就是在项目识别和分析基础上，从整体的角度全面考虑项目的风险因素以及各种风险之间的相互影响和相互作用，从利益相关者角度考虑这些风险能否被各个项目主体所接受。

项目分析评价方法很多，有主观定性评价方法、有客观量化评价方法，还有定性研究方法和定量研究方法相结合的技术手段。一般采用统计学范畴的分布、频率、概率、平均数等概念和方法。但是，因为工程项目的唯一性、临时性和复杂性等特点，可以说没有哪一种方法是万能的，需要结合多种方法的优点，同时发挥项目中最有创造力的人——项目利益相关者的能动性，在复杂动态的项目环境中"涌现"能够具体有效解决风险管理的办法。

第一节 工程项目风险评价的准则和过程

项目风险评价是评估各种风险因素对项目全过程的影响、意义，以及管理人员应该如何采取响应措施，评价行为一般需遵循某些基本准则。

（1）风险目标准则：风险评价离不开项目的整体目标，尤其对于那些严重影响项目整体目标实现的风险因素，管理人员需要认真评估，确定是否能够完全规避或是控制。风险规避是项目评价中最基本的准则。

（2）风险权衡准则：项目风险与收益之间虽没有必然关系，但风险背后常常存在机会，可能是高风险能带来高收益，关键是项目组织能否确定那些不能避免但一定程度上可以接受的风险之承受限度。

（3）最小成本准则：有些风险只要付出一定的代价是可以回避的，只要风险处理的代价足够小，人们还是愿意承担的。

（4）成本效益准则：风险处置是要付出成本的，项目管理者只有在预估到收益大过风险成本的前提下才愿意处置风险。

（5）社会费用最小准则：项目组织的风险同样是社会面临的风险，社会费用最小准则体现了企业应负担的社会道义责任。

按照时间坐标可以把风险管理分解为三个阶段：预警控制、过程控制和事后评估。项目风险评价过程贯穿整个风险管理的全过程，并且为风险决策提供依据。

项目风险评价过程可以定义为如图 8-1 所示。

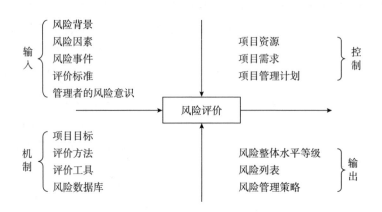

图 8-1　项目风险评价过程

左上角是项目风险信息的输入过程，经过定性或定量分析过程，得出右下角的项目风险输出信息，包括风险的识别、排序、等级评估以及响应策略建议等。右上角是风险评价的调节过程，项目资源、项目需求和项目管理计划的全部过程。左下角的因素是对风险评价过程的支撑机制，项目目标规定了风险评价的方向，项目目标、评价方法、评价工具、风险数据库等是风险评价过程提供的有力手段。

第二节　工程项目主体行为风险评价的定性分析

常见的工程项目风险分析方法包括定性分析和定量分析以及二者相结合的方法。定性分析主要是依赖项目管理者的知识经验和风险意识直觉加以判断分析。实践中运用的定性分析方法主要包括主观评价法、安全检查表、危险性预先分析、原因结果分析、德尔菲法、故障模式及影响法分析等。

一、各种定性分析方法适用评价

主观评价法主要依靠管理人员和项目专家的工程项目实践经验积累以及个人对项目风险认识的直觉反应，这些属于隐性知识范畴，很难用文字传递和表达。风险评价人员依据这些隐性知识判断各种风险的程度并赋予其相应的权重，然后将各种风险的权重加总，再同风险评价的底线基准进行比较，得出风险是否可以接受的结论。

主观评价法适用于工程项目现有资料严重缺乏甚至根本没有资料可循又必须做出一定判断的情况下，依赖专家和项目决策人员的丰富经验和合理的推理判断，对项目风险的可能性和影响程度作出评估。缺点是显性信息太少，主观判断容易产生偏差。

危险性预先分析是一种评估系统内部风险因素和危险程度的途径。通过技术诊断和经验判断等方式确定危险可能的来源；通过对比事故经验以及同行业类似事故分析可能出现的危险类型；辨识危险可能的转化条件；制作危险性预先分析表格；确定危险性等级，制定相应的管理对策。

危险性预先分析目的是找出系统内潜在的所有危险因素，确定其危险等级，防止危险因素进一步发展成恶性事故。它对于项目中采用新工艺或新的施工方案、使用新的机器设备等状况，不失为一种经济简单易行的方法。缺点是易受分析人的主观因素影响。

德尔菲法实质上是一种反馈匿名函询方法。其一般流程是：首先把要预测分析的问题征求各位专家意见之后，对所有结论进行归纳统计；其次将第一轮结果反馈给各位专家；最后由各位专家根据结果决定是否调整自己的意见或补充，如此多次反复，直到得到相对统一和稳定的集体意见。

德尔菲法具有明显的三个特征：匿名性、反馈性、小组统计性回答。德尔菲法能够集思广益，避开权威意见的干扰，充分发挥专家群体智慧，准确率高。缺点是进行周期较长，过程复杂且费用成本较高。

项目风险定性评价实质就是一种典型的主观模糊评估方法，对于主观性特征明显的项目主体行为风险分析还是很有帮助的。风险评价问题涉及两方面因素：一是风险发生的可能性，即风险发生概率；二是风险发生对项目产出的影响效果，即风险带来的影响程度。可以采用主观的定性分析法和客观的量化分析法来判断风险发生的概率大小；可以使用层次分析法、模糊综合评价等定量方法来确定风险带来的影响程度。

层次分析法可以帮助人们克服短时间内评估大量风险的困难，且在项目实践中已经证明是非常有效的。模糊评价方法能够增强多风险变量评估的系统性并且更接近客观风险实际，容易被各个项目主体所承受。

二、基于利益相关者的主体行为风险评价

传统的项目风险评价大多是从客观事件角度入手，通过风险识别和评估分析，计算风险可能发生的概率和损失程度，据以判定项目是否成功。例如"铁三角"模型，通过控制项目的工期、费用和质量三个因子判定项目是否取得预期结果。但是从利益相关者角度，项目结果必须获得利益相关者的满意才是成功的唯一标准。著名的澳大利亚悉尼歌剧院项目，初步预算造价为700万澳币，预计工期为8年，最终，项目完成共计耗资1200万澳币，工期严重拖延到14年。从"三大控制"的角度无论如何该项目都被认为是失败的。然而，悉尼歌剧院的社会评价极高，被公认为是20世纪世界十大奇迹之一，不仅成为悉尼的文化艺术殿堂，更是悉尼城市的标志性名片。整个澳大利亚的公民为之自豪，认为该项目是一件杰出的成功之作。所以，评价项目的成功不但要考虑三大指标的控制，更重要的是项目能否使利益相关者感到满意。

项目风险来源不仅有客观事件，项目主体的特定行为也是主要的潜在风险因素。比较客观风险而言，主体行为风险有其特殊性，它伴随着主体的特定行为，

同项目主体的行为决策关系密切，属于项目的基本风险。对项目主体的行为作出定性评价，识别利益相关者给项目带来的影响对于项目能否顺利实施意义重大。

下面通过一个工程建设项目前期申报阶段的案例说明评价利益相关者对项目的影响：JS省XZ市某房地产开发商TC公司，通过竞拍拿到靠近市中心的某块地皮，准备用于建造两座18层的高层住宅。该地块原有部分居民平房，已经有20年的历史，一座小型的供周边居民娱乐的城市公园，还有一座清代的衙门大宅，颇有些文化遗址的气息。

项目利益相关者初步分析如下：①开发商TC公司。②附近居民。③区政府相关机构。④XZ市政府相关机构。⑤特殊利益保护团体。⑥准备购买新房的准居民。⑦媒体。

开发商进入前期筹备工作，准备可行性报告和建设方案设计，积极与当地区政府有关部门沟通。区政府态度是大力支持，毕竟项目关系到招商引资、居民住房改善、地方形象提升、解决就业问题等利益。准备购买新房的准居民同样积极关注项目进展情况。但是，附近居民强烈反对，原因是高层住宅的建设给他们带来垃圾污染、采光困难、娱乐场所的破坏等负面影响，更重要的是高层建筑影响他们的起居生活，生活隐私受到威胁。

附近居民决心全力制止该项目的实施，他们组成一个紧密联系的团队，聘请律师做咨询顾问，联合当地的有关文物保护团体阻止对古宅的拆迁破坏，邀请当地的媒体记者，向政府呼吁自己的合法权益应该受到保护。当地区政府权衡利弊，认为项目带来的利益大于弊端，便批准了该项目。于是，居民们继续上访到市政府，并且联名请人大代表向市政府呼吁。市政府相关机构在了解项目情况后，迫于各方面的压力，否定了区政府的初步审批，责令区政府召开听证会，切实保障当地居民的合法利益不受损害。

区政府建议开发商重新设计建设方案，开发商重新聘请了设计公司。由于项目进展出现重大问题，开发商更换了原来的项目经理。在区政府协调下，项目地块旁边的一家工厂通过土地置换搬迁到开发区，开发商又买下了旧厂区地块，事情出现转机。由于土地扩大了，新的替代方案计划把原来的两栋小高层改为八栋七层的普通居民楼，增加小区的娱乐设施并且保留清代的古宅原貌。区政府接到新的建设方案后，吸取上次教训，请来有关当事人和媒体记者召开了听证会。尽管附近居民仍然不满意新方案，听证会还是顺利开完了。这一次市政府各相关部门同意了新的项目报建报告。

根据上述各个项目阶段的分析，可以绘制项目利益相关者的影响力/利益矩阵，如图8-2所示。

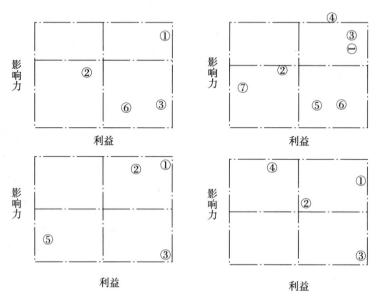

①开发商TC公司；②附近居民；③区政府相关机构；④XZ市政府相关机构；
⑤特殊利益保护团体；⑥准备购买新房的准居民；⑦媒体

图8-2 项目的影响力/利益矩阵

通过上述案例分析，可以看出虽然项目最后获得批准，但是开发商的费用成本增加了，项目时间被严重拖延，其他一些未知的风险因素可能也会增加。这一切根源并不是客观事件风险所致，而是因为某些利益相关者的行为导致。由案例我们可以得到以下启示：

（1）项目初期报建过程，要注意关键利益相关者的需求，加大沟通力度。案例中开发商仅注意与审批部门的沟通，忽略了附近居民的影响力。

（2）不仅应用定量分析方法计算项目的客观风险可能带来的损失，也要注意运用定性分析的技术剖析利益相关者对项目的潜在影响。

（3）进行利益相关者影响分析的过程要不断更新，因为不同项目阶段新的利益相关者，其影响力也会动态地改变。

（4）每一次实施重要步骤之前，应做好风险预警工作，预测分析该行为决策将会给各利益相关者带来何种利益影响。

（5）案例中虽然没有完全达到各利益相关者满意的局面，但只要满足了多数利益人的需求，同样可以化解危机。

（6）虽然媒体没有资金投入，自身利益也没有受到影响，但是依然应该作为项目利益相关者对待，因为媒体在信息和舆论方面的负面作用足以让项目终止，正面积极的作用同样使项目各利益方受益匪浅。

三、利益相关者影响的评价模型

通过上述分析可知，利益相关者的特定行为会给项目的实施带来积极的或消极的影响，这种不确定性存在一定的风险，有时对于项目来说其至是灾难性的风险。项目管理者必须结合项目的不同阶段动态评价利益相关者可能带来的影响。利益相关者对项目的影响过程如图 8-3 所示。

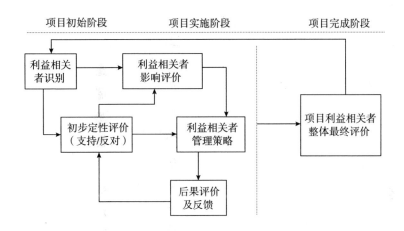

图 8-3　项目利益相关者影响评价过程

其中，利益相关者满意度评价过程尤为重要，利益相关者不满意的可能性来自以下三个方面：

（1）缺乏充分的信息交流导致误解，利益相关者的期望不能被清晰地表达和理解。

（2）由于利益相关者各方存在认知上的差异，按照预先的期望和一定的公平原则，不恰当地估计项目的实际产出绩效。

（3）虽然能够准确地评估项目绩效，各个利益相关者的期望值也很清晰，但实际绩效不能够满足期望值。

第一点涉及诚信和信息的全面性问题；第二点涉及时效性和各方的同理心；第三点涉及项目的实际绩效问题。前两点与项目管理沟通和评价过程有关，只有第三点关系到项目的实际履约状况。说明信息不足或者绩效不够都可能产生利益相关者的不满意。

第三节　工程项目主体行为风险评价的定量分析

项目风险评价定量分析一般通过数学方法，运用概率论、仿真模拟等手段对风险信息数据进行量化处理，据以获得风险估计，确定风险应对方案并作出相应决策。常用方法包括层次分析法、事件树分析、事故树分析、模糊综合评价法、LEC 分析法、蒙特卡罗模拟技术，以及人工神经网络评析方法等。

各种定量分析方法适用分析

（一）层次分析法

层次分析法（Analytic Hierarchy Process，AHP），是由美国运筹学家T. L. Saaty 于 20 世纪 80 年代提出的，是一种系统分析方法，对于多目标、多因素、多准则的综合评估，在经济学和管理学中广泛应用。

层次分析法解决问题的原理是：根据问题的总目标和性质，将问题分解为不同的子目标，按照众多目标之间的相互影响关系和隶属关系分成若干组别，形成多层次的递阶结构。通过应用两两比较法各层目标的相对重要性，构造出比较判断矩阵，然后运用矩阵计算子目标对其上一层次目标的相对重要程度，如此层层计算，最终可以确定目标要素对于总目标的重要程度。

层次分析法步骤是：

（1）构造多级递阶层次结构模型。模型一般分为三个层次：目标层（A）、准则层（C）和方案层（P）。相邻两层的因素对应关系是按照某种规则排列，上层因素对下层因素有支配和包含关系，所有同层次的因素相互独立，但是具有同等级差数值，否则就要分别列入两个层次。具有上述关系的模型就是多级递阶层次结构。

（2）应用两两比较法建构判断矩阵。常用方法有专家综合打分法。判断尺度表是确定同一层次因素以上一层次因素为准则，两两之间比较相对重要性，建立量化判定矩阵（见表8-1、表8-2、表8-3）。

表8-1 判断尺度

判定尺度	比较结果
1	C_i 与 C_j 同等重要
3	C_i 比 C_j 稍微重要
5	C_i 比 C_j 明显重要
7	C_i 比 C_j 重要得多
9	C_i 比 C_j 极端重要
2，4，6，8	重要程度介于上述两相邻尺度之间
以上各数的倒数	两个因素反过来比较

表8-2 判断矩阵（1）

A	C_1	C_2	…	C_j	…	C_n
C_1	U_{11}	U_{12}	…	U_{1j}	…	U_{1n}
C_2	U_{21}	U_{22}	…	U_{2j}	…	U_{2n}
…	…	…	…	…	…	…
C_i	U_{i1}	U_{i2}	…	U_{ij}	…	U_{in}
…	…	…	…	…	…	…
C_n	U_{n2}	U_{n2}	…	U_{nj}	…	U_{nn}

表8-3 判断矩阵（2）

C（标准层）	P_1	P_2	…	P_j	…	P_n
P_1	V_{11}	V_{12}	…	V_{1j}	…	V_{1n}
P_2	V_{21}	V_{22}	…	V_{2j}	…	V_{2n}
…	…	…	…	…	…	…
P_i	V_{i1}	V_{i2}	…	V_{ij}	…	V_{in}
…	…	…	…	…	…	…
P_n	V_{n2}	V_{n2}	…	V_{nj}	…	V_{nn}

以判断矩阵表8-2为例，表示相当于目标层（A）来讲，准则层（C）的各个因素两两比较（C_i/C_j），得到相对重要性，记作 U_{ij}。例如，$C_i/C_j=5$，说明 C_i 因素比 C_j 因素明显重要。表8-3表示相当于准则层（C），方案层（P）的各个因素两两比较（P_i/P_j），得到相对重要性，记作 V_{ij}。

（3）计算各因素的相对权重。各因素的相对权重可以通过计算比较矩阵的特征值来获得，但实际计算方法复杂，因此没有必要计算精准的特征值，可以用求和法与求根法计算特征值的近似值。设 $\omega=(\omega_1，\omega_2，\cdots，\omega_n)^T$ 为权重向量。

求和法：对 ω 按照行求和可得：

$$\overline{\omega}_i=\frac{1}{n\sum_{j=1}^{n}\overline{\omega}_{ij}}$$

将 $\overline{\omega}$ 矩阵按照列向量归一化：$\omega_i=\dfrac{\overline{\omega}_i}{\sum_{j=1}^{n}\overline{\omega}_j}$

所得 $\omega=(\omega_1，\omega_2，\cdots，\omega_n)^T$ 就是特征向量的近似根。

求根法。按照矩阵行求根可得：

$$\overline{\omega}=\sqrt[n]{\prod_{j=1}^{n}u_{ij}}$$

将 $\overline{\omega}$ 矩阵按照列向量归一化：$\omega_i=\dfrac{\overline{\omega}_i}{\sum_{j=1}^{n}\overline{\omega}_j}$

（4）一致性检验。由于权重判断运用了专家的主观评判，并不能精确判断相对权重的比值，因此需要进行相容性和误差检验。

（5）计算综合权重。设目标层相对于准则层的权重为：$\overline{\omega}^{(1)}=(\omega_1^{(1)}，\omega_2^{(2)}，\cdots，\omega_k^{(k)})^T$

准则层对方案层的权重为：$\overline{\omega}^{(2)}=(\omega_{1i}^{(1)}，\omega_{2i}^{(2)}，\cdots，\omega_{ki}^{(k)})^T$

方案层 P 的各个方案对总目标的相对权重为：$V^{(2)}=(v_1^{(2)}，v_2^{(2)}，\cdots，v_n^{(2)})^T$

具体计算过程如表8-4所示。

表 8-4　综合权重

方案层	权重				综合权重 $V^{(2)}$
	C_1	C_2	...	C_k	
	$\omega_1^{(1)}$	$\omega_2^{(1)}$	...	$\omega_k^{(1)}$	
P_1	$\omega_{11}^{(2)}$	$\omega_{12}^{(2)}$	...	$\omega_{1k}^{(2)}$	$V_1^{(2)} = \sum\limits_{j=1}^{k} \omega_j^{(1)} \omega_{1j}^{(2)}$
P_2	$\omega_{21}^{(2)}$	$\omega_{22}^{(2)}$	...	$\omega_{2k}^{(2)}$	$V_2^{(2)} = \sum\limits_{j=1}^{k} \omega_j^{(1)} \omega_{2j}^{(2)}$
...		...			...
P_n	$\omega_{n1}^{(2)}$	$\omega_{n2}^{(2)}$	...	$\omega_{nk}^{(2)}$	$V_n^{(2)} = \sum\limits_{j=1}^{k} \omega_j^{(1)} \omega_{nj}^{(2)}$

层次分析法的优点在于：

1）系统分析，结构严谨，思路清晰，层次递进。

2）定性分析与定量技术相结合，实用性较强。

3）对于无法测量因素，采取标度办法进行对比分析，分析的客观性增强。

层次分析法的缺点在于：

1）当考察因素过多，标度判断的工作量太大，容易引起专家方案和判断失误。

2）专家的数量和质量及其工作的独立性决定了判断矩阵的合法性。目前普遍重视不够，反而是过多地探讨矩阵的一致性。

3）没有充分运用量化信息，主观倾向过重。

（二）蒙特卡罗模拟法

蒙特卡罗模拟法（Monto-Carlo），也称随机抽样技巧或统计实验法，该方法把待求风险当作某种特征的随机变量，通过提供大量的给定某种规律的随机数值，用数学方法借助计算机模拟各种风险变量之间的动态联系，从而求出该变量的特征统计量，作为风险变量的近似解。对于解决某些难以用数学方法解析的具有复杂不确定性的风险问题非常有效。

其基本原理是：设定函数 $Y = f(X_1, X_2, \cdots, X_n)$，$X_1, X_2, \cdots, X_n$ 概率分布借助专家分析法可以初步确定，但是 Y 的概率分布和数字特征很难知道。可以通过随机变量数发生器随机抽取从不确定因素的样本值 $(X_1, X_2, \cdots, X_n)$，按照可能的 Y 与 X 的关系模型确定 Y_i 值。重复成百上千次计算，抽取各式各样的不确定性组合，得到一批 Y_i 抽样数据 $(Y_1, Y_2, \cdots, Y_n)$，模拟次数足够大时，得出与实际情况近似的函数 Y 的概率分布和数字特征。对上述计算产生的数值样本进行统计处理，求出最大值、最小值、均值、众数、方差、标准差、置信度等样本信息，据此信息进一步定量分析风险变量对项目的可能影响程度。

蒙特卡罗模拟法适用于评价具有很多风险因素并且关系复杂的风险事件评价过程。该方法考虑项目的系统性风险，概率分析偏差较小，具有快速经济的优点。但它同样是借助专家对未来不确定时间的主观概率判断来预测可能产生的风险结果，从长期看，复杂性项目很大程度上是根本不能预测结果的，尤其对于项目主体的行为风险因素很难准确预测。所以说，蒙特卡罗模拟法包括敏感性，借助概率方法和数理统计方法分析那些可以量化的系统风险是非常有效的，对于人的行为风险因素很难做到精准预估，因为人的行为风险具有难以预测性、复杂性和定性化的特质。

（三）事故树分析

事故树分析（Fault Tree Analysis，FTA）亦称故障树，是一种遵循从结果查找原因的逻辑，将项目风险从整体到部分按照"树"的形状逐渐展开细化。它不仅可以查找事故的表面直接原因，而且可以推理出事故的潜在原因；既可以进行定性分析，还可以进行定量分析；不仅可以分析局部故障现象，而且可以应用到多种因素造成的故障分析，在人的行为因素、环境因素等方面广泛应用，是一种很有发展潜力的风险评价分析方法。

故障树分析的一般步骤是：首先要熟悉运营系统各种参数，掌握大量事故资料；选择顶上事件，也就是分析对象，可以从发生概率及后果严重性两个方面考虑；全面调查各种风险因素，按照逻辑演绎分析画出故障树。其次进行定性分析，求出最小割集，算出顶上事件发生的概率。最后定量分析系统事故发生的概率。

故障树分析法的优点是逻辑分析性强、比较形象化、直观性强，能够借助计算机程序全面处理系统的风险因素，分析结果具有系统性、预测性和准确性。缺点是故障树的建立和计算过程复杂，底层事件数量受到限制；基本事件仅考虑常态和失效两个结果；应用到大型复杂系统分析时，容易出现失误和遗漏。

第四节 工程项目主体行为风险的模糊综合评价

一、评价指标体系的建立

工程建设项目涉及的风险因素包括客观风险和主观行为风险两个方面，这里仅考虑项目主体特定行为可能带来的不确定风险因素。项目主体包括业主、勘察设计单位、承包商、监理公司、政府机构等，不同主体在项目不同周期阶段对项目的影响程度各不相同，不同项目中的各个行为主体表现出来的影响因素也可能不同，评估风险时应该区别对待，可以借助前文的利益相关者环等工具进行重要性排序识别。这里以业主、监理、承包人、设计单位为例，四个主体构成评价模型的准则层，风险识别因素参见第五章内容，风险因素集合构成模型的指标层。目标层是项目主体行为风险。具体内容如表 8-5 所示。

表 8-5　主体行为风险评价指标体系

目标层 U	准则层 U_k	指标层 U_{kn}	
项目主体行为风险 U	业主 U_1（0.27）	工期过紧	U_{11}（0.23）
		组织管理水平	U_{12}（0.32）
		计划变更	U_{13}（0.17）
		资金能力	U_{14}（0.28）
	承包商 U_2（0.42）	施工建设风险	U_{21}（0.42）
		组织管理能力	U_{22}（0.28）
		合同风险	U_{23}（0.15）
		责任风险	U_{24}（0.15）
	监理方 U_3（0.18）	组织管理能力	U_{31}（0.51）
		不能正确履行职责	U_{32}（0.29）
		责任道德风险	U_{33}（0.20）
	勘察设计方 U_4（0.13）	成本进度参数预测	U_{41}（0.54）
		设计变更	U_{42}（0.26）
		现场勘察不充分	U_{43}（0.20）

二、主体行为风险模糊综合评价单级模型

设定两个有限论域 U 和 V，其中 U = {x_1, x_2, …, x_n} 为风险因素集，V = {v_1, v_2, …, v_m} 为风险评价集。因为各种风险因子所处层次不同，相互间重要程度有差异，专家对其赋予不同的权重，所持态度并非绝对的肯定与否定。所以模糊综合评价集合 B 只是 V 上的一个子集，则有：B = (b_1, b_2, …, b_m) ∈ F(V)，其中 b_j(j = 1, 2, …, m) 表示第 j 种评价在综合评价集合中所占地位，也就是 j 对于 B 集合的隶属度：B(v_j) = b_j。

综合评价就是要得到集合 B，然后根据最大隶属度原则，给出最终判定。综合评价集合 B 依赖于不同专家对不同因素的重视程度不同从而做出不同的评定，故 B 依赖于不同风险因子的分配权重。分配权重可以看作因素集合 U 上的一个模糊子集，有 A = (a_1, a_2, …, a_n) ∈ F(U)，且有 $\sum_{i=1}^{n} a_i = 1$，a_i 表示第 i 种风险因子的分配权重。

需要建立一个从 U 集到 V 集的模糊变换 T：单独判断每一个风险因子 u_i，对其评价得到 f(u_i)，f(u_i) ∈ F(V)，建立一个从 U 到 V 的模糊映射 f：U→F(V)，x ∈ U。设定模糊关系矩阵 R，可得风险变换 Tf：F(U)→F(V)，A $|$ →A×R。由 f 诱导出模糊关系得到的模糊关系矩阵 R 即是单因子评价矩阵。如此，(U, V, R) 构成一个项目主体行为风险模糊综合评价模型，可以表示为 B = A×R：

$$B = (b_1, b_2, \cdots, b_m) = (a_1, a_2, \cdots, a_n) \times \begin{bmatrix} r_{11} & r_{12} & \cdots & r_{1m} \\ r_{21} & r_{22} & \cdots & r_{2m} \\ \vdots & \vdots & \vdots & \vdots \\ r_{n1} & r_{n2} & \cdots & r_{nn} \end{bmatrix}$$

其中：$b_j = \sum_{i=1}^{n} (a_i \times r_{ij})$

(j = 1, 2, …, m)

如果评级的结果 $\sum_{j=1}^{m} b_j \neq 1$，则需要对其进行归一化处理。

如何准确测定风险因子的权重对于模糊评价非常重要，选取项目专家的数量和质量以及专家评定的方式独立性决定了模型评价结果的科学性和效率性。设定风险因素集合 U = {u_1, u_2, …, u_n}，要求 K 位项目管理专家独立地给各个风险因子 u_i 的权重，统计过程如表 8-6 所示。

表8-6 风险因子权重评判

专家	风险因子						
	u_1	u_2	…	u_i	…	u_n	∑
专家	a_{11}	a_{21}	…	a_{i1}	…	a_{n1}	1
专家	a_{12}	a_{22}	…	a_{i2}	…	a_{n2}	1
…	…	…	…	…	…	…	…
专家	a_{1k}	a_{2k}	…	a_{ik}	…	a_{nk}	1
权重 a_i	$\frac{1}{k}\sum\limits_{j=1}^{k}a_{1j}$	$\frac{1}{k}\sum\limits_{j=1}^{k}a_{2j}$	…	$\frac{1}{k}\sum\limits_{j=1}^{k}a_{ij}$	…	$\frac{1}{k}\sum\limits_{j=1}^{k}a_{nj}$	1

三、主体行为风险模糊综合评价多级模型

大型复杂项目的风险因素种类很多，各因素差异性很大需要分层次，这是可以采用多级评价模型。其基本方法和原理同单击评价模型基本上是一致的。

设定风险因素集 $U = (u_1, u_2, \cdots, u_n)$ 由若干组构成，记作 $U_1, U_2, \cdots, U_k$ 有：

$$U = \bigcup_{i=1}^{k} U_i \quad U_i \cap U_j = \varnothing \, (i \neq j)$$

则称 $U = \{U_1, U_2, \cdots, U_k\}$ 为第一级风险因子集。

设定 $U_i = \{u_1^{(i)}, u_2^{(i)}, \cdots, u_{ni}^{(i)}\}$，其中 $i = 1, 2, \cdots, k$，$n_1 + n_2 + \cdots + n_k = n$，则称 U_i 为第二级风险因子集。其他多级情形以此类推。

设定风险评价集 $V = \{v_1, v_2, \cdots, v_m\}$，对 U_i 的 n_i 个因素进行单因子评价，得到单因子评价矩阵：

$$R_i = \begin{bmatrix} r_{11}^{(i)} & r_{12}^{(i)} & \cdots & r_{1m}^{(i)} \\ r_{21}^{(i)} & r_{22}^{(i)} & \cdots & r_{2m}^{(i)} \\ \vdots & \vdots & \vdots & \vdots \\ r_{ni1}^{(i)} & r_{ni2}^{(i)} & \cdots & r_{nim}^{(i)} \end{bmatrix}_{n \times m}$$

$U_i = \{u_1^{(i)}, u_2^{(i)}, \cdots, u_{ni}^{(i)}\}$ 的权重矩阵为 $A_i = (a_1^{(i)}, a_2^{(i)}, \cdots, a_{ni}^{(i)})$，则有第一级风险综合评价集合 $B_i = A_i \times R_i (i = 1, 2, \cdots, k)$。

然后对上一层风险因子集 $U = \{U_1, U_2, \cdots, U_k\}$ 做出综合评价，设其权重矩阵为 $A = (a_1, a_2, \cdots, a_k)$，相应评价矩阵为 $R = [B_1, B_2, \cdots, B_k]^T$，则有第二级风险模糊综合评价集合 $\underset{1 \times m}{B} = \underset{1 \times k}{A} \times \underset{k \times m}{R}$

模糊综合评价分析方法的优点在于从项目系统的角度，整体上寻求评价结果的功能最优，而非获得局部最优。多级递进分析的过程中，能够给项目管理者提供动态的信息数据，帮助管理者做出相对最优的行为决策。

四、建筑项目实例分析

某公司投资在 XZ 市城东新区建造住宅楼，建筑项目以小高层商住楼和配套辅助设施为主。该项目占地约 35800 平方米，投资总额 61500 万元，建筑高度为 120 米。主楼结构形式为 35 层现浇框架——剪刀墙前结构，抗震设防烈度为 8 级，裙楼为 6 层，基坑采用地下连续墙支护。项目建设资金来源主要有自筹资金、银行贷款以及预售部分楼层资金投入。按照业主要求项目设计外包给国外某家设计公司，整个项目委托某省级监理公司全程工程监理。

该建筑项目风险指标体系选取如表 7-5 所示，括号内数字为其风险因子的权重分配。该项目评价对象共 4 个行为主体，风险因子对应为 $U = \{U_1, U_2, U_3, U_4\}$，作为第一级风险因子集合；进一步分解得到第二级风险因子集合：

$U_1 = \{u_{11}, u_{12}, u_{13}, u_{14}\}$；$U_2 = \{u_{21}, u_{22}, u_{23}, u_{24}\}$；$U_3 = \{u_{31}, u_{32}, u_{33}\}$；
$U_4 = \{u_{41}, u_{42}, u_{43}\}$

采用专家判定方法测定各个风险因子的权重分配，得到权重集合：

$A_1 = (a11, a12, a13, a14) = (0.23, 0.32, 0.17, 0.28)$

$A_2 = (a21, a22, a23, a24) = (0.42, 0.28, 0.15, 0.15)$

$A_3 = (a31, a32, a33) = (0.51, 0.29, 0.20)$

$A_4 = (a41, a42, a43) = (0.54, 0.26, 0.20)$

选用的风险评估尺度集 E = {低，较低，一般，较高，高}，分别对应赋值 {0.1, 0.3, 0.5, 0.7, 0.9}。首先对指标层（U_{kn}）评价，然后再对准则层（UK）进行评价。同样运用专家打分法确定各个风险因子的单因素评价矩阵 R_1、R_2、R_3、R_4 如下：

$$R_1 = \begin{bmatrix} 0 & 0 & 0.1 & 0.2 & 0.7 \\ 0 & 0.1 & 0.2 & 0.5 & 0.2 \\ 0.5 & 0.25 & 0.15 & 0.1 & 0 \\ 0.4 & 0.3 & 0 & 0.2 & 0.1 \end{bmatrix} \quad R_2 = \begin{bmatrix} 0.15 & 0.2 & 0.1 & 0.2 & 0.35 \\ 0.15 & 0.15 & 0.1 & 0.3 & 0.3 \\ 0.2 & 0.1 & 0.3 & 0.4 & 0 \\ 0 & 0.1 & 0.5 & 0.3 & 0.1 \end{bmatrix}$$

$$R_3 = \begin{bmatrix} 0.05 & 0.15 & 0 & 0.2 & 0.6 \\ 0.15 & 0.15 & 0.25 & 0.15 & 0.3 \\ 0.3 & 0.2 & 0.1 & 0 & 0.4 \end{bmatrix} \quad R_4 = \begin{bmatrix} 0 & 0.05 & 0.15 & 0.3 & 0.5 \\ 0 & 0.25 & 0.25 & 0.5 & 0 \\ 0 & 0.1 & 0.1 & 0.1 & 0.7 \end{bmatrix}$$

运用矩阵加乘计算法：$b_j = \sum_{i=1}^{4} a_i \times r_{ij}(j = 1, 2, 3, 4, 5)$。

评价结果如下：

业主行为风险：$B_1 = A_1 \times R_1 = (0.197, 0.1305, 0.1685, 0.2510, 0.253)$

承包商行为风险：$B_2 = A_2 \times R_2 = (0.093, 0.1560, 0.2180, 0.2450, 0.246)$

监理行为风险：$B_3 = A_3 \times R_3 = (0.129, 0.1600, 0.0925, 0.1455, 0.473)$

设计行为风险：$B_4 = A_4 \times R_4 = (0.000, 0.1120, 0.1660, 0.3120, 0.410)$

最后进行第一级风险因素的评价，$A = (0.27, 0.42, 0.18, 0.13)$。

$B = A \times R = (0.1155, 0.1441, 0.1753, 0.2374, 0.3100)$进行归一化处理得到：

$B = (0.1176, 0.1467, 0.1784, 0.2417, 0.3156)$可以求出项目主体行为风险：

$N = B \times E^T = (0.1176, 0.1467, 0.1784, 0.2417, 0.3156)(0.1, 0.3, 0.5, 0.7, 0.9) = 0.5985$风险介于一般风险和较高风险之间。

通过对该建筑项目的主体行为风险进行评价，能够把握项目系统的整体风险后果，并不局限于某一项指标的最优化。这种评价结果比较客观合理，对于风险项目投资决策有一定的辅助作用。

第五节　本章小结

本章首先对工程项目风险评价的定性和定量分析方法进行述评，指出一般风险评价分析方法的优劣点和适用范围。基于项目利益相关者角度，运用实际案例定性分析了项目主体行为风险对项目的影响。指出了项目风险来源不仅有客观事件，项目主体的特定行为也是主要的潜在风险因素。主体行为风险有其特殊性，同项目主体的行为决策关系密切，属于项目基本风险。

其次定性分析与定量分析的关系应是相互补充和相互论证的；定性分析是定量分析的基本条件，没有定性分析的定量是一种没有目标的定量，实用价值意义不大；定量分析使定性分析更加客观量化，能够使定性分析的结论更加科学、更有深度。定性是定量的依据，定量是定性的具体刻画，二者相辅相成。对于项目主体行为风险而言，由于其具有复杂性、不确定性、不可预测性以及更适于定性分析等特点，其评价分析的方法不应该局限于某种所谓最佳方式，而应是定性和定量分析相结合。

最后运用模糊综合评价分析方法结合具体的案例，对特定项目的主体行为风险分析进行了综合评价分析。

第九章 工程项目主体行为风险的响应与控制

工程建筑项目主体行为风险管理是指在建设项目的全部周期过程中，对源自项目各利益相关者的特定行为造成的风险因素，进行识别、分析、评价和控制，寻求各利益相关者满意的最佳措施，降低和消除风险因素可能给项目带来的损失。一般可以大致分成风险预警管理、风险响应控制和风险后评估三个过程。

第一节 工程项目主体行为风险响应策略概述

风险响应的策略有四种选择：合同转移、保险转移、风险回避和风险自留。前两种策略是把风险因素转移到组织外部，后两种选择是通过项目组织内部的管控过程降低和消除风险因素。

工程建设项目总体风险包括客观事件风险和主体行为风险两部分，长期以来人们只重视项目客观事件风险研究，计算风险事件发生的概率和可能造成的损失，对工程项目主体行为风险尚未进行系统研究。工程项目主体的行为问题研究在项目管理中占有越来越重要的地位，研究和防范项目主体行为风险有利于构建现代和谐项目管理，是实现各利益主体共赢的前提条件。工程项目主体同时也是项目的关键利益相关者，现代项目管理过程中的计划、管理、控制，最终目的还是为了使项目成果能够符合利益相关者的需求。因此，项目主体行为风险管理实质上也是项目关系的管理。

由于项目的人力、物力和财力等资源是有限的，因此风险管理者更要注重合理选择应对措施，管理方法应该是能够贯穿整个项目过程的结构性方法。风险管理要做到趋利避害，既要考虑到利益相关者对项目的消极性影响，还要考虑到积极性影响因素，达到既要降低风险又能把某些风险转化为机会。对项目主体行为风险管理过程中，要注意识别风险因素是由哪些主体行为诱发的，主体行为同风险事件的相互关系是怎样的。探讨主体行为风险的响应与控制机制，要注意从利益相关者和行为分析的视角考虑问题。

基于利益相关者角度的风险管理尤其注重风险沟通的问题。风险沟通贯穿整个项目周期，沟通的方式和技巧以及沟通中出现的障碍影响风险沟通的效率。一般风险沟通的障碍来自三个方面：信任的缺乏、表达的混乱、信息的可获得性。

沟通技巧注意下列事项：

（1）传递信息尽可能具体；

（2）信息接收者是谁，期望是什么；

（3）考虑对方的可能的认知限制和可能的认知是什么，或者对方在项目过程中的角色；

（4）选择合适的传递媒介，了解对方可能的反馈媒介种类；

（5）沟通时机的选择，对方可能的最坏反应是什么。

与利益相关者的沟通方式包括正式沟通和非正式沟通，形式上可以采取会议、研讨会、小组讨论、专家论证、学习小组、工作手册、开放参观、走动式沟通等。沟通目的是要争取各利益相关者达成一致性意见，良好的沟通有助于发现项目中存在的真正冲突，从而消除误会和冲突，降低项目的总体风险。

为了达成利益相关者的一致性，项目风险管理者应注意以下六个方面的原则：

（1）了解对方关注的焦点；

（2）鼓励双方共同参与；

（3）准备应急计划；

（4）勇于承担责任、承认错误，分享权力；

（5）始终秉着信任的态度；

（6）建立长期互动的关系。

第二节 合同风险管理

一、招标过程风险管理

招标是选择承包商、预估编订工程量清单、确定工程款、优化施工设计的过程。招标过程中，开发商针对可能发生的合同风险，需要注意下列各项事宜：做好初步调研工作；聘请律师和专业工程技术人员起草招标文件；严格审查投标方的竞标资格；同勘察设计单位和有意向的承包商充分地沟通，完善图纸设计和估算工程量；准备好询标和定标流程，确定合同标的中标底线。

为了防范招标方在合同中可能制定的限制性条款和保护性条款带来的风险，承包商应成立专门的投标工作小组。了解招标方的资金实力和信用记录，细致勘察施工现场，审核设计图纸，估算复核工程量；认真吃透招标文件条款和招标方的意图，注意合同条款本身存在的风险，表现在条款的完整性、条款的表述性、条款对权利和义务的界定等方面；同时还要注意合同类型潜在的风险，主要有固定价格合同、可变价格合同、成本加酬金合同；在符合响应招标条款的前提下尽可能选择对自己有利的策略；考虑其他竞标对手可能的报价策略，制订自己的投标方案。

二、合同谈判过程风险管理

在开标或是确认承包商之后，双方进入实质性谈判，对合同的主要条款进行最后确认，形成合同要约，例如工期与质量要求、履约合同担保、结算方式和违约责任罚款等。如果是业主方起草的合同，承包商要注意其中是否隐含对自己不利的条款或是反索赔条款。承包商也要善于利用合同条款限制风险或转移风险，从而做到双方风险与收益的平衡。尽量采用建设工程《建设工程施工合同》标准格式。

在与监理公司的合同谈判过程中，注意要明确监理师的监理权限范围，不可滥用权限。合同条款应清晰体现监理职责、监理范围及内容、报酬及支付方式、违约惩罚、履约保障、工期延误补偿等方面的内容。

三、合同履行过程风险管理

在合同履行过程中，由于项目施工现场管理不到位、签证流程缺陷引起工期延滞或者工程质量未达标的问题而招致高额索赔的风险时有发生，承包商必须严格按照合同规定对项目过程进行管控，不可偏离合同。

承包商应强化签证工作，对工程设计变更、工期顺延、已完成工程量的报告提交、合同价款追加、项目竣工验收报告提交等事项，承包商不可擅自行事，每一项工作都要白纸黑字记录并且有监理方或发包方的书面函件为证。合同履行过程中还要注意定期检查追踪合同执行情况，及时纠正偏离合同精神的行为。对于那些难以预测的风险事件发生，承包商要善于利用合同的索赔制度相关规定，向发包方提出合理索赔，要注意索赔的方式和策略，获得风险转移的效果。

合同履行过程中，积极应对风险事件的发生可以在一定程度上降低合同风险。风险不可避免时，要启动应急计划，尽可能地减少风险带给项目的损失。认真研究风险造成的后果，查明原因和分清责任归属，采取积极措施加以补救。

四、合同结算过程风险管理

通常合同结算严格按照合同约定执行。合同结算条款内容包括结算流程、结算时间、工程量定额计算方法、项目工期延误的惩罚或者提前完工的奖励、工程质量问题扣款、质量保证金或担保函的规定、履约保证金的限额规定、设备材料垫款的扣回方式等各个方面。如果发生发包人恶意拖欠工程款的现象，承包商应按照合同中关于索赔的规定，敢于索赔还要善于索赔。注意订立支付保证金或是银行保函的运用，可以有效防止拖欠欠款的风险发生。监理公司也要注意委托合同可能存在的不平等条款，维护自身的权利。能否控制结算过程风险是降低合同风险、控制工程成本的最后一道防线。

第三节　竞争风险管理

竞争风险主要是指来自同行业参与主体之间的竞争，一般发生在承包工程项目的初期招投标阶段。根据前文竞争风险的分析，项目方应该采取以下风险响应措施：

（1）充分了解发包人的招标意图和项目目标，准确预测各种潜在的竞争对手可能采取的竞争策略。

（2）尽量与行业市场的竞争对手保持一定程度的合作与互动，彼此交换信息和情报。

（3）同利益相关者建立合作伙伴关系，有利于加强规范性合作，形成利益共享和风险共担关系，增加彼此合作的稳定性，有效降低项目合作中的风险。

合作伙伴包括项目型合作与战略性合作两种类型。对于单一项目，各利益相关者合作时间相对较短；从多项目合作角度，各利益相关者合作多是建立长期的、稳定的战略合作关系。完善项目利益相关者的合作伙伴关系需要做到以下几个方面：

（1）建立公平合理的利益分配制度。

（2）建立有效的激励机制。

（3）保持相互间的沟通与信任。

（4）减少文化差异，促进文化融合。

（5）强化合作项目的评审监督机制，实施动态化管理。

第四节　组织风险管理

组织风险是指由于组织内部结构形式、管理制度、管理方式、组织沟通等因素以及组织外部合作与沟通协调等因素给项目结果带来的威胁和损失的可能性。

一、项目组织结构形式决策

项目是一种高效率的临时性组织形式，从长时间跨度和整个建筑行业来看，项目组织又具有长期性和稳定性的特点，研究项目的组织结构对于完善建筑工程项目风险管理工作具有重要意义。

（1）项目职能型组织结构。职能型组织结构是一个层次化的组织形式，是目前在企业中运用最广泛的组织形式。在这种结构中，一个项目可以作为公司中某个职能部门的一部分，这个部门对该项目负有最终责任，称为主办部门，其余部门称为会办部门。当必须跨部门时，通常采用委员会制度来协调。

这种结构的优点是：资源控制性好，资源利用率高；决策者离项目路径短，风险预警能力强；直线领导便于沟通；工作跨度与承担者能力之间较易平衡。其缺点是：各主管部门本位主义倾向严重；资源的跨部门利用低效，风险处理能力差；条块分割，跨部门沟通协调性差；组织过于稳定，不利于组织创新。处理项目时，这种组织结构需要做出较大的变形，实践中一般限于小型的项目公司使用。

（2）项目型组织结构。项目型组织结构是事业部式的组织形式，项目从公司组织中独立出来，有自己的技术人员和管理人员。项目组织对项目负有最终责任，并在项目的责任范围内享有充分自主权。

这种结构的优点是：项目目标单一，团队凝聚力强；各种项目资源利用效率较高；项目经理拥有项目的具体决策权，对风险有高效的预警能力和处理能力；项目人员直接面对项目，创新能力较强。其缺点是：跨部门调动资源较困难；对整个项目公司而言，资源冗余巨大；由于组织随项目设立，内部事权划分不易做到职权平衡，工作跨度与承担者能力之间也不易平衡。在组织设计上，这种结构符合"小的就是好的"和"系统设计的质量在于其变形能力"的设计原则，应对变化时组织变形灵活，从而获得相当不错的平衡性，在创新、激励方面，这一结构达到了最高的水平，这也是项目管理成功的重要因素。目前，许多大公司按照项目管理方法，对公司进行分解细化，所谓"公司管理项目化"正是着眼于此。

（3）矩阵型组织。矩阵型组织结构是职能型组织结构和项目型组织结构的混合形式，项目经理通常有一些助手对项目结果负责，职能部门的经理为项目实施提供本部门的可控资源，共同为项目目标而努力。项目人员作为项目的参与者，在项目的工作过程进入本职区域时受部门指派而加入项目，他们的组织隶属关系在职能部门，但在参与项目期间业务上受项目经理领导。同时，他们也因隶属关系而有义务向职能部门经理汇报工作情况。因此，他们具有双重身份，接受双重领导。

这种结构的优点是：公司资源统一调度，利用率高效；信息流动存在双通道，组织性壁垒被打破；项目人员直接面对项目，随项目进展而变更工作重心，随项目的不同而适应工作环境，激励内容更加丰富，甚至出现项目协同效应。因而这种结构使其工作团队有强大创新能力。其缺点是：资源方向性是分散的；抗拒风险时，项目经理与职能部门经理的协调在时间上是低效的；双重领导可能让人际关系复杂化。

总之，没有哪一种组织结构在一般意义上比别的组织结构整体上更好。按照权变理论的观点，面对不同的具体环境、组织资源、项目性质和项目特点，组织结构同样有着不同的适应性。项目风险管理者可以根据具体项目的性质、特点以及项目目标，着眼于项目稀缺性资源的调整，达成项目过程的平衡。

二、组织机构和管理制度创新

创新是企业永恒的主题。建筑工程项目的运作，最终要以企业为载体来实施和经营，因此必须与项目具体情境相结合，积极寻求组织管理创新，降低组织风险，保证项目顺利完成。

创新是建立一种新的生产函数，将一种新型要素与生产条件的新组合引入生产体系，项目组织可以从五个方面创新：①新产品开发；②引进新技术与新的生产方式；③新市场开辟；④控制新的原材料供应源；⑤变革组织体制。

（1）组织机构。组织机构是组织的骨骼，规范了组织的行为框架。组织机构是一个柔性的具有学习适应性的有机体。组织机构既要严谨又不能过于僵化，需要具备一定的弹性，能适应新变化，尤其要适应企业战略规划的变化。战略决定组织架构，有什么样的战略就有什么样的组织架构；另外，组织架构又支持战略的发展，是实施战略的一项重要工具。所以，组织机构是一个值得创新和可以创新的层面。

组织机构与组织创新主要涉及以下具体方面：

1）组织机构本身形式变革，主要有组织形式纵向扁平化、横向组织联合。

2）多元化，人力资源要素的流动性使员工差异化增加，呈现多元化特征。

3）集权分权的新形式，设立专门的风险管理经理或风险管控机构就是一种将风险管理部门分离出去，成为风险承担的责任中心，而全员风险管理的思想也要求明确项目组织成员的权责。

4）建立学习型组织，未来组织唯一持久的竞争优势或许就是比竞争对手学习更快的能力。个体学习创造个体知识，经过组织系统中的互动机制，转化成组织知识，从而提高组织的环境适应能力，认识和化解风险的能力随之增强。这个过程很大程度上可以把风险管理过程转化为组织内部的管理问题，而不再仅仅是对外部复杂环境的适应和反应的问题。

5）组织机构网络化，片面强调权责分明和规范，对于组织适应信息社会的高效快捷反应等特点是不利的。组织部门之间的界限是可以渗透的，而不应封闭，网络化有助于提高组织的反应力、竞争力和整体抗风险能力。

6）组织机构人际关系，强调组织最宝贵的资产是人力资源而不是其他，应本着"以人为本"的精神关注员工，关注项目利益相关者，创造新型合作伙伴关系。

7）组织的柔性化设计，面对复杂多变的环境，组织应打破条块分割，加强部门之间的交流合作，采用临时任务团队、快速反应小组以及敏捷制造等运作方式。

8）组织机构虚拟化和智能化。

（2）管理方式方法。管理方式方法是企业资源整合过程中所使用的工具，直接涉及企业资源的有效配置。现代管理方式方法，如线性规划、目标管理、全面质量管理、统计分析、网络计划技术、库存管理、投资项目经济评价方法、决策技术等。这些方法的产生及运用，对企业有效整合资源产生更好效益起了相当大的作用。管理方式方法的创新，可以有两个主要方面：一方面是单一性的管理方式方法的创新，如库存管理方法；另一方面是综合性的管理方式方法创新，如生产组合的创新。管理方式方法方面的创新，依然有相当大的空间，至少有以下几个方面是可能的：

1）新的领导方式；

2）对人的管理方式方法的发展；

3）生产、经营、服务等方面管理方法的发明与创造；

4）新的管理手段，如信息技术进入管理导致的管理手段的革新；

5）新办公设施的创设和使用，即管理硬件方面的创新与发展；

6）企业生产组合的创新、流程的创新等。

（3）管理制度。管理制度广义地说包括从产权制度到企业内部的管理制度（如人事制度、工资制度、财务制度、生产管理制度、厂规厂纪、领导制度）等各个方面。在这些制度中，有些如产权制度以及由此产生的公司法人治理结构并不是企业可以随便创造的，因为这些已有现成法律将其固定化。而其内部制度能加以发挥、发展和创新；不过这种创新首先应针对制度的共性即管理的基本原则方面，其次才是制度的特性即与企业自身特点相关的方面。管理制度的创新具体可以有以下一些主要方面：

1）各类企业制度的创新。

2）管理制度的效用评价。

3）管理制度的制定方式。

4）系统化管理制度的创新。

5）企业内部工作流程的设定与创新。

6）科学议事规则设定等。

三、基于 SNA 的项目组织风险管理策略

项目利益相关者构成的网络密度同项目核心组织的相互作用形成了不同类型的项目网络结构。尽管密度与中心度并不是简单的两分变量，为便于分析可以根据利益相关者的网络密度以及项目组织中心度两个维度将项目风险管理社会网络分类，不同类型的网络具有不同的网络结构特性。利益相关者在不同的网络结构特性下会采取不同的行为策略，具体策略如表 9-1 所示。

表 9-1　利益相关者风险管理响应策略

		项目核心组织中心度	
		高	低
利益相关者网络密度	高	妥协谈判	顺从与结盟
	低	指挥控制	提高中心度

（1）高密度/高中心度。在高密度网络中，其他利益相关者对项目核心组织有较强的限制；同时，具有高中心度的核心组织拥有对抗其他利益相关方的能力。利益相关者之间能够进行有效沟通，容易形成期望共享，共同监督和惩罚核心组织；核心组织处在网络的显著位置，影响着信息的流动，从而间接影响利益相关者达成目标一致。因此，核心组织与其他利益相关方相互之间的影响力较强，而且双方都没有控制整个局面的能力，使网络环境具有高度不确定性。

根据制度依赖理论和资源依赖理论，这种情形组织决策者偏好确定性、稳定性和可预测性。核心利益相关方常常会与其他利益相关方进行谈判以降低不确定性。因为来自利益相关者的压力，尤其是那些不可预测的需求，可能会破坏项目的实施。因此，当一个具有高中心度的核心组织对具有高密度的网络环境时，它将会采取措施降低网络密度以增加自己的相对优势，瓦解对方联盟；或者采取平

衡、安抚、讨价还价等策略与其他利益相关方进行谈判。谈判目的是达成一种双方都满意的状态，用最小让步换取一种可以预见的项目环境，减少项目不确定风险。

（2）低密度/高中心度。低密度和高中心度网络情境下，核心组织具有绝对的优势，能够抵抗来自利益相关者的压力。低密度网络不利于各利益相关者信息的传递和共同期望的形成，不利于项目监督。当其他利益人之间难以形成合力应对核心组织时，将处于被动的地位。而高中心度的核心组织位于项目网络的关键位置，可以扮演指挥者的角色，控制项目资源如资金和信息等，影响利益相关者的信息交换以及共同期望的形成。

（3）高密度/低中心度。此种项目情境下，核心组织处在网络边缘位置，很难影响其他利益相关者的行为互动。而其他利益者连接紧密并且路径较短，有效的沟通容易形成目标和行动的一致性。核心组织缺乏控制项目网络资源的能力，影响力很弱，面对其他利益人的一致性需求，核心组织只能选择接受。在这种情况下，核心组织只能扮演顺从者的角色，接受其他利益人的期望和共同规范。核心组织在服从的同时应该积极寻找支持者结成联盟，从而提升自己的影响力并设法扭转被动局面。

（4）低密度/低中心度。低密度/低中心度网络情境下，核心组织面临的压力较小，同时缺乏控制网络资源的能力。因为信息不畅和监督乏力，核心组织的行为往往不能引起其他利益人的关注。因此，核心组织经常处于一种信息孤立的状态。利益相关者的联系稀疏，对项目的约束力不强，核心组织可以不顾利益相关者的期望，一味追逐自己的利益。但是这种项目情境下，核心组织难以获得网络中的资源，限制了自身的发展，应该利用这样的宽松环境，同各利益相关方建立联系，提升自身控制和整合项目资源的能力。

四、基于 CAS 理论的组织管理

项目组织是一种复杂性系统，项目管理必须借助复杂性理论分析的方法来管理项目组织内部和项目组织之间的非线性关系。项目组织的利益相关者是具有适应性的智能体，能够根据过去、现在的行为以及与环境、其他利益相关者之间的相互关系，对行为结果作出判断和预测，即具有学习性。

项目组织的主体相互关联并且互相依赖，彼此之间包括同项目环境之间持续进行信息、物质和能量的交换，维持系统的平衡。这种关联使组织的整体行为难

以预测，通过自组织的过程，组织结构呈现复杂的网络结构特征，当组织行为的复杂性超过项目环境的复杂性，赋予组织强大的生存和适应能力。

项目管理者要学会建立和维持同那些项目利益相关者之间的互动关系，不管是组织内部的还是组织外部的。相应地，项目管理者的管理风格要实现从"控制"到"涌现"的转变。当网络组织结构的多重关系相互作用并且相互依赖，就容易形成新的涌现结果出现。

关于"涌现"的管理，项目组织管理应做到以下几个方面：

（1）形成新的组织控制观。学习型组织是组织控制的一种方式。学习是控制的自我组织、自我政策的形式，群体自己发现愿望并进行控制。对于面临不断变化的环境、存在各种冲突，组织加以控制的一种方式就是自组织。

（2）设计权力的分配。权力的分配与使用为形成新战略方向的组织学习过程提供了限制边界。处于屈服、叛逆和遵从状态的群体都不能进行复杂性学习，也不能形成新的发展方向和新的精神模型。只有在激烈竞争的赢败模式被抛弃之后，鼓励公开质疑和公开测试假定的情况下，才有助于复杂性学习的群体行为形式产生。

（3）鼓励自组织团体。只有当一个群体确定了自己的挑战、目标和方向后才会是自组织的。常常这种自组织需要自发形成——高层管理者只需要去创造一种能够使其产生的外部环境。

（4）刺激多元的文化。通过成员在职能部门之间相互轮换，来发展能激励产生新观点的多元文化，创造成员文化的差异性：通过内部以及与外部的交流，使管理者具有相同管理哲学。另外，聘用其他组织的管理者，他们所具有的文化与本组织的文化有冲突性，同样可以带来创新。

（5）以不确定的挑战代替明确、长期的目标愿景。影响战略的因素随着自组织群体的内部不同文化之间的冲击而演变。高层管理可以设计不确定的挑战来取代明确的目标，没有目标就是有意识地刺激员工寻求做事的新方法和产生冲突。

（6）创造资源的软约束。当管理者的态度和行为创造了有利于个人创造和创新的气氛，有利于政策的相互作用和群体学习时，新的战略方向就出现了。学习和政策的相互作用是难以管理的，如果不在管理资源上投资，也就不会出现学习和相互的政策作用。因此，权变战略的重要事情就是在管理资源上给予投资，使新的环境能够被创造出来。

第五节　文化风险管理

文化风险是指项目组织内部和外部不同利益相关者由于存在文化因素差异甚至文化冲突从而给项目带来威胁和损失的可能性。对于高效的项目团队，高效的团队文化是必不可缺的重要元素。

团队文化尤其是跨地域、跨民族、跨国度的大型工程项目的团队文化具有差异性和多样性特点，这种特点有利也有弊。一方面，不同文化的个体彼此行为上难免会产生摩擦，严重时可能阻碍组织的正常运作。另一方面，文化多元特点有利于个体和组织的创新，管理者要把潜在的文化风险转化成一种优势。

管理者可以采取下面的一些具体措施管理文化风险：

（1）设立专门的文化风险管理机构。根据工程项目规模，可以建立正式或非正式的文化风险管理小组。

（2）收集和处理项目的文化风险信息。可以从多种渠道收集文化风险信息，如专业人力资源公司、杂志、网络、居民等。按照不同标准如商业、政治、家庭等将文化信息分类处理，及时传递到项目相关成员手中。

（3）文化风险的评估工作。大型项目实施之前，预先评估文化因素可能会给项目指标带来的不利影响并初步设想应对策略，提交专项报告作为决策的依据。

（4）减少文化冲突，增强团队凝聚力。通过培训和小组专项讨论等方式，使每个团队成员都有文化风险意识，增加多元文化的认同感，培养团队的文化敏感性、跨文化胜任力和跨文化沟通胜任力。跨文化敏感性是团队成员各自对自我与他我文化的领悟、接纳、欣赏和有效利用的能力。然后，风险管理小组在比较研究文化的基础上，分析成员交际行为中的文化障碍，安排各种交流活动，增强团队的凝聚力。

根据工程项目实践中问卷调查以及文献研究结果，结合以上各方面分析，本书给出项目主体行为风险的响应和控制策略，如表9-2所示。

表9-2　项目主体行为风险的响应和控制策略

风险种类	响应策略
竞争风险	规范市场、法律管制、审核、激励机制、信息调研、投标策略研究
合同风险	合同管理规范化、专业化、谈判技术、合同转移、索赔技术、合同履行管理、互信机制
文化风险	信息收集与分配、有效沟通、适应性指导、加强凝聚力、包容性
组织风险	信息共享、分权授权、内部竞合机制、减少控制命令、同外部利益相关者建立合作联盟
项目员工	提高素质、增强参与和归属感、过程监控、人际关系协调、沟通、动态精简
管理风险	互动式管理、倾听、更多发言权、加大风险管理投入、奖惩结合、流程再造、领导艺术
教育培训	重视行为风险、培训大纲纳入、经费增加、召开研讨会、塑造基层人员的风险意识
风险态度	全面风险管理、项目生命周期动态管理、改变心态、减少抱怨、竞争的氛围、借鉴外部经验

第六节　工程项目主体行为风险管理综合框架模型

　　项目管理的成功首先要保证项目风险的可控性。项目管理者需要对整个项目寿命周期可能发生的风险类别进行预测和识别，综合考虑项目组织内部资源和外部环境，采取针对性管控措施，确保项目实现既定的目标。

　　一般项目风险管理的流程涉及四种对应策略：消除或回避、降低、转移以及保留。风险消除或回避策略适用于风险水平高出项目组织的预定目标风险水平，可以采用故意延迟或者主动提前的方式从而避开高风险态势，比如有些房地产项目推迟开工以避开市场房价低迷时期。风险降低策略是指项目组织主动调整或预设一些风险敏感参数，如时间、价格、数量等因素，达到降低风险损失的目的，比如常见的对冲业务、远期交割或者带有期权性质的交易。风险转移策略可以通过市场保险业务或者项目共同投资以及供应链上下游之间的合约安排等方式，达到风险分散转移的效果。风险保留适用于那些负面效果不大或者实在没有更好风险管控方法的情境。

随着项目管理实践的不断深入，风险管理创新工具的发展，企业全面风险管理（Enterprise Risk Managemont，ERM）范式强调从企业组织整体范围内实施全面风险管理。该模型综合考虑了董事会、管理者以及其他相关人的影响力和风险偏好，从企业组织整体层面设定战略，识别可能影响组织运营目标的潜在风险事件，进而实施风险管控。

基于前文大型工程项目主体行为风险的复杂性分析，我们给出一个风险管理的综合框架，如图9-1所示。

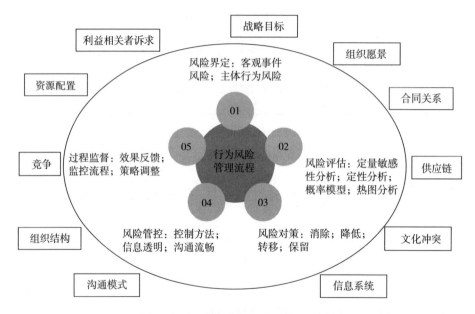

图9-1 大型项目主体行为风险管理综合框架

框架内风险管理流程的五大步骤依次是风险界定、风险评估、风险对策、风险管控和过程监督。虽然五大步骤按照逻辑顺序运行，但绝不仅限于一个流程，而是反复循环、反复迭代的动态过程，并且整个系统内部各个组成元素相互作用，不断调整和修正反馈，不断提升风险管控的效率和效果。

（1）战略目标与组织愿景。企业战略目标和组织愿景作为项目任务的最高目标，从战略、效率、资源、行为合规性等方面制约和指导风险管理，其经营哲学和价值取向也决定了全体管理者的风险偏好。

（2）利益相关者诉求。利益相关者诉求如果不具备高度一致性，存在一定分歧甚至是严重背离，必然给项目运行带来潜在的风险因素。不同利益相关者对工程项目的期望具有差异性，并且在项目生命周期的不同阶段各利益相关者对项目的影响也是互异的。项目经理需要对利益相关者的预期进行前瞻性研究，并且协调处理利益相关者的项目利益关系，这是保证工程项目顺利交付的关键。

（3）资源配置。资源配置包括对人才、资金、经验、物资、设备、知识等资源进行统筹安排及其使用效率，应该将资源优先配置给那些急需优先管控的项目重大风险。

（4）合同关系。合同关系包括组织内部与外部的契约关系，也可分为显性契约关系和隐性契约关系。显性契约容易解决那些易于量化的项目关系，隐性契约适于私下解决机制的项目关系。由于隐性契约关系没有法律的强制保证，只能靠利益相关者之间的信任和道德水平加以约束，存在某种程度的信息不对称，也是潜在的项目风险因素。

（5）竞争风险。竞争风险主要出现在大型工程项目初期招投标阶段，项目主体的投标行为要受到招标方案的制约以及外部同行竞标出价策略的影响。市场竞争的规模、激烈程度、竞争规范性以及竞争策略的运用决定着竞争风险的大小。

（6）供应链风险。供应链带来的风险因素与合同关系和利益相关者关系都有一定的叠加，但是供应链上的节点又不同于一般的利益相关者，也不同于简单的合同关系，供应链上的合作伙伴彼此之间配合衔接、信息共享、战略目标、组织文化、组织结构、管理流程是否具备很高的一致性，决定了项目风险发生的可能性，甚至链条上某个节点的失误可能会带来系统性的灾难。因为高度关联性和复杂的相互作用关系使项目风险具有很强的负面传播效应。

（7）组织结构。组织结构的选择与组织管理方式、管理制度、组织沟通、组织资源协调以及组织与外部合作等因素密切相关。实践中，并不存在某种组织结构形式一定比其他结构形式整体上更完善，项目管理者必须借助复杂性分析的方法管控组织内部与组织外部的非线性关系。

（8）信息系统。信息系统帮助组织各职能部门实现信息的集成与共享，通过对风险数据的处理分析，帮助管理者对复杂性风险进行识别、评估、预警、防范和制定实施应对策略。

（9）跨文化风险。文化冲突也称跨文化风险，项目主体成员在语言思维、经验技能、价值取向、行为动机、处世哲学等方面存在差异性，既有可能给项目组织带来互补效应，也有可能带来冲突效应，给组织管理和协调带来困难。增设文化风险管理小组、加大文化风险信息收集分配的力度、加强项目团队的凝聚力和包容性、强化员工适应性指导等措施能够显著降低工程项目管理中的跨文化风险。

（10）沟通模式。沟通模式的选择更加关注行为主体之间的交互作用，每个成员都会对其他主体的行为产生影响，同时自身也必然受到他人的行为约束和影响，使项目组织的整体行为变得很难精确预测，这种不确定性推动风险管理者不断随着项目情境的变化而寻求更妥善的解决方案，也就是发生"涌现"的过程。

"涌现"是复杂性系统在自组织过程中呈现的一种全新协同模式与性质。自组织系统与外界持续交换物质与能量，始终处于远离平衡的状态，这种远离平衡的系统有意识行为能够放大系统内部的随机事件，使全新的秩序和行为在系统整体上或者宏观层面上"涌现"成为可能。

大型工程项目系统的运动过程同样会呈现"涌现"的特征。工程项目主体为了项目顺利完工，存在强烈的联合行动意愿，彼此交流和学习进而推广经验，并且联合行为持续形成和构建，整个组织行为变得难以精确预测。在这种项目主体行为的自组织过程与学习反馈过程中，项目主体的细微行为逐渐被增强放大从而引发组织的巨变，新的组织模式、新的战略方向、新的技术解决方案、新的管理方法以及为利益相关者创造新的附加价值得以"涌现"，这绝不是什么有意识的项目计划控制的结果。

因此，项目风险管理应该关注项目行为主体之间的连接关系，研究系统中简单的行为决策规则如何导致组织整体上行为模式的涌现，应该能动地平衡项目计划与项目控制之间的关系，注重保持对具体项目情境的敏感性，综合采纳项目组织主体的各种观点，促使项目成功管理方法和创新技术的"涌现"。

第十章　结论与展望

传统的风险管理研究比较注重项目的客观事件风险，并没有对项目主体行为风险给予足够的重视。人们更多的是研究项目的外部环境、工程技术等硬性风险，忽视了对项目组织、项目主体行为等因素引起的软性风险的分析和预防。项目实践中更多风险的发生根源来自人的因素，与客观事件风险的可管理性较低相比而言，主体行为风险具有不同程度的可管理性，可以通过理论研究和前瞻性的行为决策把风险控制在一定范围内。工程项目风险管理研究的焦点应该是项目主体和各种利益相关者，项目主体应该从项目利益相关者的需求角度出发，有效处理各种项目关系，应对项目寿命周期的各种不确定性。因此，基于利益相关者视角的工程项目主体行为风险研究不仅具有理论意义，更具有现实意义。

第一节　研究结论

本书借鉴国内外的研究成果，综合运用定性定量分析、系统性分析以及多种学科理论相结合的方法，结合实证分析，以工程项目管理理论、利益相关者管理理论、风险分析理论、博弈论等基本理论为基础，通过分析研究工程建筑项目实践中可能遇到的主体行为风险，较为全面和深入地研究了主体行为风险发生的机理和特征以及风险管理问题，初步得到以下结论：

（1）在工程项目寿命周期不同的阶段，存在不同的利益相关者，他们行为的不确定性给项目带来的影响程度也大不相同。因此不能简单地把利益相关者视为一个整体来分析，也不能针对所有人制定统一的参与管理对策。应该根据不同的维度标准和管理研究的需要，对各种利益相关者进行分类识别加以分析。本书借鉴 Mitchell 三维属性分类法结合 PASW 统计分析软件，对工程项目利益相关者识别分析进行实证研究，根据三种属性得分评价结果，识别出工程项目的不同类型的利益相关者。

（2）工程项目是各个微观社会契约的有机联合体，项目组织之所以合理存在，是因为与社会建立了社会契约关系。工程项目关系就是综合的社会契约体系。项目管理应该关注各利益相关者的利益诉求，在实现利益相关者价值的同时兼顾社会利益。此外，工程项目中利益相关者和项目之间存在显性契约，但更多的是隐性契约。解决信息不对称问题也不能全部靠显性契约的建立，所以项目契约关系一定要具有不完全性。

（3）采用实证分析的方法，验证了项目利益相关者关系的假设：不同的利益相关者对工程项目的利益期望具有差异性，并且同一利益相关者对不同的利益期望重视程度上具有差异性。工程项目对不同利益相关者的利益期望具有差异性，并且对同一利益相关者的利益期望重视程度上具有差异性。研究结果表明，项目管理和利益相关者之间要建立相互依赖相互支持的双向互动关系，否则双方利益都会受到损害。

（4）不同项目阶段出现的风险种类及其重要性是不一样的，相同的风险可能出现在不同的项目阶段，在同一阶段项目风险的影响重要程度也是不一样的；不同利益相关者在项目不同阶段关注和承担的风险种类也不一样。风险因素的动态性体现了风险复杂性特点，要求项目管理人员应该针对项目生命周期不同阶段出现的不同风险因素进行重点识别和分析，动态调整风险相应措施。

（5）对主体行为风险进行分类识别和定义。建筑工程项目风险总体上分为客观事件风险和主体行为风险两大类。主体行为风险进一步可以分为内部风险和外部风险，内部风险是指某一项目主体组织内部可能的组织管理风险和组织文化风险等；外部风险是指项目主体与其他项目主体之间以及项目主体与竞争合作对手之间的博弈风险等。

（6）基于社会网络的角度分析研究了项目主体行为，运用社会网络理论结合实际案例分析了项目主体的社会网络关系。项目相关的社会网络中，项目组织的外部压力给项目实施带来很大的不确定性，而压力的源头来自那些制定规范和控制资源的人，也就是各利益相关者的综合作用。这种综合作用通过彼此间的社会关系和网络结构位置以及场力的共同作用去影响项目组织的行为决策。所以，项目决策行为是镶嵌在社会关系网络中的，行为风险分析离不开社会网络分析。

（7）基于复杂性理论分析项目主体行为风险。项目组织的复杂性源于构成组织的主体的个体行为、它们之间的相互依赖关系以及它们同外部环境之间的交互作用过程。复杂项目结果的不可预测性、项目内外环境交互作用的非线性、项目技术和管理方法的不确定性都给项目管理者及其利益相关者带来各种潜在的风险。

（8）从项目的相关复杂性响应过程看，项目并非某种结构性设计的事物，而是一种"社会性结合体"，是项目利益相关者相互作用形成其结构性特征。项目管理应该重点关注相互沟通过程的重要性，特别是沟通的模式、沟通主体行为响应结构以及对社会意识形态和权力关系的理解。项目组织是一种复杂性系统，项目管理必须借助复杂性理论分析的方法来管理项目组织内部和项目组织之间的非线性关系。因此，管理风格必须强调从"控制"到"涌现"的转变。

（9）工程建设项目的参与主体之间存在大量的契约合同关系，每个行为主体是追求利益最大化的独立个体，各利益相关者的目标必然存在冲突。因此，各行为主体之间存在行为选择策略和效用均衡的问题，即博弈的过程。从事前监控机制来看，法律制度同时严惩受贿和给租行为，将构成对权利人的紧约束，降低"寻租"人的收益预期，提高行为风险门槛，增加了"寻租"人的道德心理成本和隐藏掩饰行为的费用，从而降低权利人给租的动机。通过建设主体三方博弈行为分析得出结论：业主要想有效遏制工程监理和工程承包中的"寻租"活动，应该改进监控工作质量，提高监控成功概率，设法降低监控成本，同时加大惩罚力度，将会有效降低监理和承包商在项目建设阶段的"寻租"概率。

（10）基于项目主体理性人假设，运用委托—代理模型进行博弈分析。当业主不能观测到监理的努力程度时，存在信息不对称现象，监理可能选择较小努力付出，帕累托最优不能实现。业主通过激励机制设计，让监理承担一定的风险，博弈双方达到合约最优。

引入"公平偏好"的概念，进一步对上述模型进行修正，分析指出基于代理方的非理性"互惠性"行为设计的报酬契约，支付给委托—代理双方的报酬都超过了传统理性人假设下的报酬，从而更具有激励效率，是一种帕累托改善。

（11）对于项目主体行为风险而言，由于其具有复杂性、不确定性、不可预测性以及更适于定性分析等特点，其评价分析的方法不应该局限于某种所谓最佳方式，而应是定性和定量分析相结合。运用模糊综合评价分析方法结合具体的案例，对特定项目的主体行为风险进行了综合评价分析，得出整体风险评价值。

（12）探讨主体行为风险的响应与控制机制，要注意从利益相关者和行为分析的视角考虑问题。基于利益相关者角度的风险管理尤其注重风险沟通的问题。

从利益相关者的网络密度以及项目组织中心度两个维度可以将项目风险管理社会网络分类，针对不同网络分类，利益相关者会采取不同的响应策略。项目组织在管理机构、管理方式、管理制度等方面的创新，能够有效降低项目主体的组织行为风险。

第二节　研究创新

研究创新点主要体现在研究新视角、多种学科交叉融合、多种分析工具相互印证等几个方面：

（1）从利益相关者和行为风险两个新视角研究工程项目风险管理。研究工程项目主体即关键利益相关者的行为风险管理是从组织效率的角度考虑。基于利益相关者研究是从关系管理的角度考虑。从某种意义上说，项目管理就是项目关系管理。传统风险研究偏重于环境、工程技术等硬性风险，忽视项目主体行为因素引起的软性风险。

（2）利益相关者项目关系的不确定性引起项目风险的不确定。这种不确定性根源在于：契约的不完全性、角色认知的差异性、对项目资源占有的差异性、互动关系的和谐性、是否形成利益相关者关系协调机制，因而基于关键利益相关者的某些特定行为是工程项目风险的主要来源。

（3）运用复杂性理论分析工程项目的主体行为风险。项目复杂性表现为"差异性"和"相互依赖性"。差异性反映在组织结构、主体关系以及个体行为多样性等方面；相互依赖性反映在组织结构层次、相互依赖关系、项目主体与环境之间的互动关系等方面。风险管理的有效方法应该是在主体之间以及与环境之间互动过程中"涌现"，而不是"计划"。

（4）运用社会关系网络理论，结合案例分析工程项目主体的社会网络关系。指出项目相关社会网络中，项目组织的外部压力给项目带来不确定性，而压力的源头来自那些制定规范和控制资源的人，也就是各利益相关者的综合作用。这种综合作用通过彼此的社会关系和网络结构位置以及场力的共同作用去影响项目组织的行为决策。

第三节　研究不足与展望

工程项目风险管理是一项复杂的系统工程，许多知识技能领域的研究工作有待进一步深入探索。限于时间约束和知识能力水平，本书研究工作肯定存在一定的局限性和不足之处，期望各位同行专家提出批评和指正。

（1）本书研究视角"利益相关者理论"本身尚有许多需要完善的地方，涉及经济学、管理学、社会学等多学科交叉研究，相信随着利益相关者理论的深入研究，人们对项目风险的认知和管理水平也会提升。

（2）实证研究部分，还可以通过单因素方差分析，进一步探讨不同的分类因素对利益相关者综合维度评分的差异性。例如，以不同性别、年龄、企业性质、职务、项目所处阶段等多方面分析被调查者对于不同选项的差异性。

（3）基于代理方的非理性"互惠性"行为设计的报酬模型中，对于非理性"互惠性"行为的刻画理论上应该有其他一些方式，可以继续深入研究不同合约性质下，委托代理双方的行为博弈。

（4）可以借鉴的工程项目主体行为风险的相关研究文献不多，文中对于主体行为风险的分类、风险因素的识别、对项目的影响程度分析尚需进一步细化。

（5）基于社会网络理论研究利益相关者之间的相互作用过程同行为风险的关系还有很大的创新空间。可以通过某一实际工程项目案例，分别运用文中提到的"利益相关者环"和 SNA 分析工具（如 NetMiner 等）进行利益相关者的重要性排序和识别，验证利益相关者对项目的影响程度。

（6）关于工程项目主体行为风险的评价方法研究，可以结合神经网络分析方法研究风险预警，克服传统风险预警方法中难以处理非线性模型、忽视定性分析、缺乏动态性以及自学习、自适应能力等缺点。

（7）需要结合项目实践进一步深入研究工程项目主体行为风险的响应控制管理以及项目风险管理后评估过程。

参考文献

［1］王卓甫. 工程风险管理——理论、方法与应用［M］. 北京：中国水利水电出版社，2003.

［2］Zou P. X. W. , Zhang G. , Wang J. Y. Identifying Key Risks in Construction Projects：Life Cycle and Stakeholder Perspectives［M］. In：Proc. 12th Pacific Rim Real Estate Society Conference, Auckland, New Zealand, January, 2006：22-25.

［3］Burton R. M. and Obel, B. Strategic Organizational Diganosis and Design：Developing Theory for Application［M］. Boston：Kluwer Acadenic Publisher, 2003.

［4］W. H. Collinge Re - thinking Stakeholder Management in Construction：Theory & Research Project Perspectives 2012［M］. The Annual Publication of IPMA, 2011.

［5］Barnes M. A Long Term View of Project Management-its Past and Its Likely Future［M］. Berlin：World Congress on Project Management, 2003.

［6］Cleland D. I. , Ireland L. R. 项目经理便携手册［M］. 欧立雄等译，北京：机械工业出版社，2002.

［7］Lemon W. F. , Bowitz J. & Hackney R. Information Systems Project Failure：A Comparative Study of Two Countries［J］. Journal of Global Information Management, 2002, 10 (2)：28-40.

［8］Meredith J. R. , Mantel S. J. , Jr. Project Management：A Managerial Approach［M］. New York：John Wiley & Sons, 2008.

［9］Donaldson T. , Preston L. E. The Stakeholder theory of the Corporation：Concepts, Evidence and Implications［J］. Academy of Management Review, 1995, 20 (1)：65-91.

［10］ Bourne L. , Walker D. H. T. Tapping into the Power Lines－A 3rd Dimension of Project Management Beyond Leading and Managing ［C］. Proceedings of the 17th world Congress on Project Management, Moscow, Russia, 2006.

［11］ Briner W. , Hastings C. , and Gaddes M. Project Leadership ［M］. Aldershot, UK: Gower, 1996.

［12］ Freeman J. Stakeholder Influence Strategies ［J］. Academy of Management Review, 1999, 24 (2): 191-205.

［13］ Jones T. M. Instrumental Stakeholder Theory: A Synthesis of Ethics and E-conomics ［J］. Academy of Management Review, 1995, 20 (2): 404-437.

［14］ Vinten G. The Stakeholder Manager ［J］. Management Decision, 2000, 28 (6): 377-383.

［15］ A. H. Mowbray, R. H. Blanchard, C. A. Williams. Insurance ［M］. New York: McGraw-Hill, 1950.

［16］ Harmes Y. Total Risks Management ［J］. Risk Analysis, 1991, 11 (2): 169.

［17］ Jaafari, Alt. Real Time planning & Total Risk Management ［C］. Computing in Civil Engineering Proceedings, 1996: 193-199.

［18］ Williams T. M. Risk Management Infrastructures ［J］. International Journal of Project Management, 1993, 11 (1): 5-10.

［19］ Riggs Jeffery L. Brown Sheila B. Trueblood Robert O. International of Technical, Cost, and Schedule Risks in Project Management ［J］. Computers & Operations Research, 1994, 21 (5): 521-533.

［20］ Olander S. and Landin A. Evaluation of Stakeholder Influence in the Implementation of Construction Projects ［J］. International Project Management, 2005, 23 (4): 321-328.

［21］ Del Cano Alfredo, De La Cruz, M. Pilar. Integrated Methodology for Project risk Management ［J］. Journal of Construction Engineering and Management, 2002, 128 (6): 473-475.

［22］ Liu Y. Q. , Shen Y. P. , Chen Y. W. , Gao F. The Integrated Process of Project risk Management Based on Influence Diagrams ［C］. Proceedings-2004 IEEE International Engineering Management Conference Innovation and Entrepreneurship for

Sustainable Development，IEMC，2004：746-750.

［23］Pate Cornell，M. Elisabeth，Regan Peter J. Dynamic Risk Management Systems Hybrid Architecture and Offshore Platform Illustration ［J］. Risk Analysis，1998，18（4）：485-496.

［24］Williams T. M. Safety Regulation Changes During Projects. The Use of Systems Dynamics to Quantify the Effect of Change ［J］. International Journal of Project Management，2000，18（1）：23-31.

［25］Tah J. H. M，Carr V. Knowledge-based Approach to Construction Project Management ［J］. Journal Computing Civil Engineering，2001，15（3）：170-177.

［26］郭仲伟. 风险分析与决策 ［M］. 北京：机械工业出版社，1987.

［27］王忠法. 三峡工程经济风险分析及对策研究 ［D］. 天津大学，1995.

［28］H. Ren. Risk Lifecycle and Risk Relationships on Construction Projects ［J］. International Journal Project Management，1994，12（2）：68-74.

［29］雷胜强. 国际工程风险管理与保险 ［M］. 北京：中国建筑工业出版社，1994.

［30］卢有杰，卢家仪. 项目风险管理 ［M］. 北京：清华大学出版社，1998.

［31］于九如. 投资项目风险分析 ［M］. 北京：机械工业出版社，1999.

［32］Chinyio E. A.，Akintoye A. Practical Approaches for Engaging Stakeholders：Findings from the UK ［J］. Construction Management and Economics，2008，26（6）：591-599.

［33］金锡万，白琳，GERT 在风险管理中的应用 ［J］. 安徽工业大学学报，2003（1）：78-81.

［34］王振强，刘王杰，于九如. SCERT 在大型工程项目风险分析与管理中的应用研究 ［J］. 中国软科学，2002（7）：105-108.

［35］Rowlinson S.，Cheung Y. K. F. Stakeholder Management Through Empowerment：Modelling Project Success ［J］. Construction Management and Economics，2008，26（6）：611-623.

［36］赵恒峰，邱苑华，王新哲. 风险因子的模糊综合评判法 ［J］. 系统工程理论与实践，1997（7）：93-96.

［37］郑立群，吴育华，周伯康，夏庆. 人工神经网络方法在投资风险评价

中的应用 [J] . 管理科学学报, 1999 (4): 93-85.

[38] 韩平, 席酉民. 基于模糊神经网络的信贷风险组合预测 [J] . 数量经济技术经济研究, 2001 (5): 107-110.

[39] 刘金兰, 韩文秀, 李光泉. 关于工程项目风险分析的模糊影响图方法 [J] . 系统工程学报, 1994 (4): 81-87.

[40] Moodley K. , Smith N. , Preece C. N. Stakeholder Matrix for Ethical Relationships in the Construction Industry [J] . Construction Management and Economics, 2008, 26 (6): 625-632.

[41] 西宝, 李一军. 工程项目风险链管理及鞭梢效应 [J] . 哈尔滨建筑大学学报, 2002 (4): 112-116.

[42] 孙成双, 王要武. 建设项目动态风险分析方法研究 [J] . 土木工程学报, 2003 (3): 41-45.

[43] Freeman R. E. Strategic Management: A Stakeholder Perspective [M] . Boston: Pitman, 1984.

[44] Social Analysis Sourcebook: Incorporating Social Dimensions into Bank-supported Projects. Social Development Department [R] . The World Bank, August 7, 2002.

[45] 刘莉. 论现代项目管理的四大转变 [J] . 深圳大学学报 (人文社会科学版), 2003 (1): 89.

[46] 朱东恺. 投资项目利益相关者管理探析 [J] . 经济论坛, 2004 (1): 92-93.

[47] Duane Windsor. The Definition of Stakeholder Status [C] . International Association for Business and Society (IABS), June 1998.

[48] Pinto J. K. , Prescott J. E. Planning and Tactical Factors in Project Implementation Success [J] . The Journal of Management Studies, 1990, 27 (3): 305-328.

[49] Thomas J. , Delisle C. , Jugdev K. Selling Project Management to Senior Executives: Framing the Moves That Matter [C] . Newtown Square, PA: Project Management Institute, 2002.

[50] Savage G. T. , Nix T. W. , Whitehead C. , Blair J. Strategies for Assessing and Managing Organizational Stakeholders [J] . Academy of Management Executive,

1991, 5 (2): 61-76.

[51] Ronald K. Mitchell, Bradley R. Agle, Donna J. Wood. Toward a Theory of Stakeholder Identification and Salience: Defining the Principle of Whom and What Really Counts [J] . Academy of Management Review, 1997, 22 (4): 853-888.

[52] Cleland D. I. Project Management Strategic Design and Implementation [M] . Singapore: McGraw-Hill, Singapore, 1999.

[53] Project Management Institute. A Guide to the Project Management Body of Knowledge [M] . Newtown Square, PA: Project Management Institute, 2004.

[54] Packendorff J. Inquiring into the Temporary Organization: New Directions for Project Management Research [J] . Scandinavian Journal of Management, 1995, 11 (4): 319-333.

[55] Turner J. R. , Muller R. On the Nature of the Project as a Temporary Organization [J] . International Journal of Project Management, 2003 (21): 1-8.

[56] Andersen E. S. Understanding Your Project Organization's Character [J] . Project Management Journal, 2003, 34 (4): 4-11.

[57] Bourne L. Paradox of Project Control in a Matrix Organization [C]. Proceedings of the 2004 PMI Australia Conference: PMOZ 2004. Maximising Project Value, Melbourne, Australia, 2005.

[58] Pinto J. K. , Thomas P. , Trailer J. Palmer T. , Govekar M. Project Leadership: From Theory to Practice [M] . Newtown Square, PA: Project Management Institute, 1998.

[59] Gadekan O. C. What the United Stated Defense Systems Management College Has Learned from Ten Years of Project Leadership Research? In D. P. Slevin, D. I. Cleland, & J. K. Pinto (ed.), Frontiers of Project Management Research [M] . Newtown Square, PA: Project Management Institute, 2002.

[60] Bourne L. , Walker D. The Paradox of Project Control [J] . Team Performance Management Journal, 2005, 11 (5/6): 157-158.

[61] Boddy D. , Buchanan D. Take the Lead: Interpersonal Skills for Project Managers [M] . New York: Prentice Hall, 1999.

[62] Cooper L. P. Assessing Risk from a Stakeholder Perspective [C] . IEEE Aerospace Conference Big Sky, MT, USA, Mar 8, 2003.

［63］ Sweetman K. Embracing Uncertainty ［J］. Sloan Management Review, 2001, 43 （1）: 8-12.

［64］ Turner J. R. The Handbook of Projected-based Management: Improving the Processes for Achieving Strategic Objectives ［M］. London: McGraw-Hill, 1999.

［65］ Crawford L. , Da Ros, V. Politics and the Project Manager ［J］. Australian Project Manager, 2002, 22 （4）: 20-21.

［66］ Pinto J. K. Understanding the Role of Politics in Successful Project Management ［J］. International Journal of Project Management, 2000 （18）: 85-91.

［67］ Schnebel E. , Bienert, M. A. Implementing Ethics in Business Organizations ［J］. Journal of Business Ethics, 2004 （53）: 203-211.

［68］ Jergeas G. F. , Williamson E. , Skulmoski G. J. , Thomas J. L. Stakeholder Management on Construction Projects ［J］. AACE International Transactions, Journal of Project Management, 2000, 14 （3）: 121-126.

［69］ DeMarco T. , Lister T. Waltzing with Bears: Managing Risk on Software Projects ［M］. New York: Dorset House Publishing, 2003.

［70］ Lynda Bourne. Project Relationship and the Stakeholder Circle ［C］. PMI Research Conference, Montreal Canada, 2006.

［71］ Chapman C. , Ward S. Developing and Implementing Balanced Incentive and Risk Sharing Contracts ［J］. Construction Management and Economics, 2008, 26 （6）: 659-669.

［72］ Jonas Söderlund. Building Theories of Project Management: Past Research, Questions for the Future ［J］. International Journal of Project Management, 2004 （22）: 183-191.

［73］ Shenhar A. , Dvir D. Toward a Typological Theory of Project Management ［J］. Research Policy, 1996 （25）: 607-632.

［74］ Lundin R. A. , Söderholm A. A Theory of the Temporary Organization ［J］. Scandinavian Journal of Management, 1995, 11 （4）: 437-455.

［75］ DeFillippi R. Arthur M. Paradox in Project-based Enterprise: The Case of Film Making ［J］. California Management Review, 1998, 40 （1）: 86-91.

［76］ Lindkvist L. , Söderlund J. , Tell F. Managing Product Development Projects: On the Significance of Fountains and Deadlines ［J］. Organization Studies,

1998, 19（6）: 931-951.

[77] Gaddis P. O. The Project Manager［J］. Harvard Business Review, 1959: 89-97.

[78] Miles M. B. On Temporary Systems［M］. New York: Teachers College Press, 1964.

[79] Bennis W. G. , Slater PE. The Temporary Society［M］. New York: Harper & Row, 1968.

[80] Goodman L. P, Goodman RA. Theater as a Temporary System［J］. California Management Review, 1972, 15（2）: 103-108.

[81] Goodman R. A, Goodman L. P. Some Management Issues in Temporary Systems: A Study of Professional Development and Manpower-the Theater Case［J］. Administrative Science Quarterly, 1976, 21（3）: 494-501.

[82] Pinto J. K, Prescott J. E. Planning and Tactical Factors in the Project Implementation Process［J］. Journal of Management Studies, 1990, 27（3）: 305-327.

[83] Baker B. N. , Murphy D. D. , Fisher D. Factors Affecting Project Success［M］. New York: Project Management Handbook, 1983.

[84] Turner J. R. Editorial: Project Management: A Profession Based on Knowledge or Faith［J］. International Journal of Project Management, 1999, 17（6）: 329-330.

[85] Xiang P. C. , Kong D. P. A View of Construction Project Risk Research: Behavioral Risk of Principal Participants in Construction Project［J］. Construction Economy, 2010, 329（3）: 72-75.

[86] Thevendran V. , Mawdesley M. J. Perception of Human Risk Factors in Construction Projects: An Exploratory Study［M］. International Journal of Project Management, 2004, 22（2）: 131-137.

[87] Au M. C. Y. , Chan E. H. W. Attitudes of Contractors and Employers Towards Transfer of a Time-related Risk in Construction Contracts［M］. Construction Research Congress 2005: Broadening Perspectives - Proceedings of the Congress, 2005: 691-703.

[88] Chan E. H. W. , Au M. C. Y. Building Contractors' Behavioral Pattern in

Pricing Weather Risks [J]. International Journal of Project Management, 2007, 25 (6): 615-626.

[89] Verma A., Terpenny J. Dynamic Project Management: A Principal-agent based Approach [C]. Atlanta: IIE Annual Conference and Exposition, 2005.

[90] Larson E. Partnering on Construction Projects: A Study of the Relationship Between Partnering Activities and Project Success [J]. IEEE Trans Eng Manage, 1997, 44 (2): 188-195.

[91] Lander M. C., Purvis R. L., McCray G. E., Leigh W. Trust-building Mechanisms Utilized in Outsourced IS Development Projects: A Case Study [J]. Inform Manage, 2004 (41): 509-528.

[92] Cheung S. O., Ng T. S. T., Wong S. P., Suen H. C. H. Behavioral Aspects in Construction Partnering [J]. International Project Management, 2003, 21 (3): 33-44.

[93] Costa A. C., Bijlsma-Frankema K. Trust and Control Interrelations: New Perspectives on the Trust-control Nexus [J]. Group Organ Manage, 2007 (32): 392-406.

[94] 杨宝君. 国际工程项目风险管理应用研究的几个问题 [J]. 技术经济, 2003 (12): 47-48.

[95] 任玉珑, 吴国生, 许劲, 张渝. 工程项目参与主体行为的经济学分析 [J]. 重庆大学学报, 2004, 27 (4): 142-145.

[96] Xiang P. C., Kong D. P. Behavioral Risk of Principal Participants in Construction Project [J]. Construction Economy, 2009, 315 (3): 35-37.

[97] Clarkson M. B. E. A Stakeholder Framework for Analyzing and Evaluating Corporate Social Performance [J]. The Academy of Management Review, 1995, 20 (1): 92-118.

[98] Muller R., Turner J. R. The Impact of Principal-agent Relationship and Contract Type on Communication between Project Owner and Manager [J]. International Journal of Project Management, 2005, 23 (5): 398-403.

[99] Patrick Weaver. Trends in Modern Project Management: Past, Present & Future [EB/OL]. http://www.Mosaicprojects.com.au/Resources_Papers_061.html.

[100] Blair M. M. Ownership and Control: Rethinking Corporate Governance for the Twenty-first Century [M]. Washington DC: The Brooking Institution, 1995.

[101] He Zhi. Risk Management for Overseas Construction Projects [J]. International Journal of Project Management, 1995, 13 (4): 231-237.

[102] Nutt P. Managing Planned Change, New York: Prentice - Hall, 1992: 439.

[103] Bryson J. Strategic Planning for Public and Nonprofit Organizations [M]. San Francisco, CA: Jossey-Bass, 1995: 27.

[104] Eden C., Ackermann F. Making Strategy: The Journey of Strategic Management [M]. London: Sage Publications, 1998: 117.

[105] Johnson G., Scholes K. Exploring Corporate Strategy [M]. Harlow, England: Pearson Education, 2002.

[106] Pryke S. D. Projects as Networks of Relationships, In Pryke S. and Smyth, H. (ed.), Blackwell the Management of Complex Projects [J]. A relationship Approach, Blackwell, UK, 2006: 213-235.

[107] Olander S. External Stakeholders Analysis in Construction Project Management [D]. Lund: Lund University, Department of Construction Management, UK, 2006.

[108] Fletcher et al. Mapping Stakeholder Perceptions for a Third Sector Organization [J]. Journal of Intellectual Capital, 2003, 4 (4): 505-527.

[109] Rowley T. J. Moving Beyond Dyadic Ties: A Network Theory of Stakeholder Influences [J]. Academy of Management Review, 1997, 22 (4): 887-910.

[110] Donaldson T. Dunfee T. W. Integrative Social Contracts Theory: A Communitarian Conception of Economic Ethics [J]. Economics and Philosophy, 1995, 11 (1): 85-112.

[111] Oliver E. Williamson. The Theory of the Firm as Governance Structure: From Choice to Contract [J]. Journal of Economic Perspectives, 2002, 16 (3): 171-195.

[112] Hart O. Incomplete Contracts and Public Ownership: Remarks and an Application to Public - private Partnerships [J]. Economic Journal, 2003 (113): 69-76.

［113］ Jing Y, et al. Stakeholder Management in Construction：An Empirical Study to Address Research Gaps in Previous Studies ［J］. International Journal of Project Mavagement, 2011, 29（7）：900-910.

［114］王明涛. 证券投资风险计量、预测与控制 ［M］. 上海：上海财经大学出版社, 2003.

［115］蒲勇健, 郭晓亭. 风险概念及其数量刻画 ［J］. 数量经济技术经济研究, 2004（2）：111-115.

［116］PMI. A Guide to the Project Management Body of Knowledge：PMBOK Guide. 3rd ed ［M］. Project Management Institute Inc. , 2004.

［117］AS/NZS 4360. Australian / New Zealand Standard on Risk Management ［Z］. Standards Australia and Standards New Zealand, 2004.

［118］向鹏成. 基于信息不对称的工程项目风险管理研究 ［D］. 重庆：重庆大学博士论文, 2005.

［119］杨玉武. 知识缺口及其对项目风险管理的影响研究 ［J］. 科技管理研究, 2008（11）：263-265.

［120］Trigeorgis L. Real Options：Managerial Flexibility and Strategy in Resource Allocation ［M］. Cambridge, MA：MIT Press, 1996.

［121］Knight F. H. Risk, Uncertainty and Profit ［J］. Journal of Political Economy, 1921, 29（4）：304-335.

［122］Kosko B. Neural Networks and Fuzzy System：A Dynamic System Approach to Machine Intelligence ［M］. New Jersey：Prentice-hall, 1992.

［123］王要武, 孙成双. 建设项目风险分析专家系统框架研究 ［J］. 哈尔滨建筑大学学报, 2002（5）：96-99.

［124］R. I. Mehr, E. Cammack. Principles of Insurance ［M］. New York, McGraw-Hill, 1980.

［125］C. A. Williams Jr. , G. L. Head, R. C. Horn, G. W. G. Williams Glendenning. Principles of Risk Management and Insurance ［J］. 1981（2）：315-317.

［126］Turner J. R. The Handbook of Project Based Management：Improving Processes for Achieving Your Strategic Objectives ［M］. New York：McGraw-Hill, 2002.

［127］Chen H. , Hao G. , Poon S. W. and Ng F. F. Cost Risk Management in

West Rail Project of Hong Kong ［M］. AACE International Transactions, 2004.

［128］Shen L. Y. Project Risk Management in Hong Kong ［J］. International Journal of Project Management, 1997, 15 (2): 101-105.

［129］Tam C. M., Zeng S. X. and Deng Z. M. Identifying Elements of Poor Construction Safety Management in China ［J］. Safety Science, 2004 (42): 569-586.

［130］Uher T. E. & Toakley A. R. Risk Management in the Conceptual Phase of a Project ［J］. International Journal of Project Management, 1999, 17 (3): 161-169.

［131］Uher T. E. Programming and Scheduling Techniques ［M］. UNSW Press, Sydney, 2003.

［132］Chapman R. J. The Controlling Influences on Effective Risk Identification and Assessment for Construction Design Management ［J］. International Journal of Project Management, 2001 (19): 147-160.

［133］Perry J. H., Hayes R. W. Risk and Its Management in Construction Projects ［C］. Proceedings of the Institution of Civil Engineering, Part I, 1985 (78): 499-521.

［134］Patrick X. W. Zou, Zhang G., Wang J. Y. Identifying Key Risks in Construction Projects: Life Cycle and Stakeholder Perspectives ［M］//Proc. 12th Pacific real estate society conference, Auckland, New Zealand, 2006: 22-25.

［135］Cooke-Davies T. Cicmil S. Crawford L. and Richardson K. We're Not in Kansas Anymore, Toto: Mapping the Strange Landscape of Complexity Theory, and Its Relationship to Project Management ［J］. Project Management Journal, 2007, 38 (2): 50-61.

［136］Susan Segal-Horn, David Faulkner. The Dynamic of International Strategy ［M］. International Thomson Business Press, 1999.

［137］Arther Willianms C, Jr. Richard M Heinz. Risk Management and Insurance ［M］. Boston: McGraw-Hill Higher Education, 1997.

［138］张维迎. 博弈论与信息经济 ［M］. 上海: 上海人民出版社, 2002: 258-261.

［139］M. Gates. Bidding and Strategies Probabilities ［J］. Journal of the Constructive Division, 1999 (93): 74-107.

［140］Stephen W. Chris C. Transforming Project Risk Management into Project Uncertainty Management ［J］. International Journal of Project Management, 2003, 21 (2)：97-105.

［141］Kecklund L. J., Svensen O. Human Errors and Work Performance in a Nuclear Power Plant Control Room：Associations with Work Related Factors and Behavioral Coping ［J］. Reliability Engineering and System Safety Journal, 1997, 56 (1)：5-15.

［142］陈鼐，赵锦文. 监理项目风险分析与防范 ［J］. 中国交通建设监理，2006 (7)：28-32.

［143］中央编译局. 马克思恩格斯选集第 1 卷 ［M］. 北京：人民出版社，1995：585.

［144］Mustafa Emirbayer, Jeff Goodwin. Network Analysis, Culture, and the Problem of Agency ［J］. American Journal of Sociology, 1994, 99 (6)：1411-1454.

［145］Key, Susan. Toward a New Theory of the Firm：A Critique of Stakeholder "Theory" ［J］. Management Decision, 1999, 37 (4)：317-328.

［146］Crane A., Livesey S. Unfolding Stakeholder Thinking ［M］. Greenleaf Publishing, Sheffield, 2003.

［147］Pajunen K. Stakeholder Influences in Organizational Survival ［M］. Journal of Management Studies, 2006, 43 (6)：1261-1288.

［148］Brenner S. N., Cochran P. A Stakeholder Theory of the Firm：Implications for Business and Society Theory and Research ［C］. Proceedings of the International Society for Business and Society, 1991：449-467.

［149］Oliver C. Strategic Responses to Institutional Processes ［J］. Academy of Management Review, 1991 (16) 145-179.

［150］Barnes J. A. Class and Committees in a Norwegian Island Parish ［J］. Human Relations, 1954, 7 (1)：39-58.

［151］刘军. 社会网络分析导论 ［M］. 北京：社会科学文献出版社，2004.

［152］Brass D. J., Burkhardt M. E. Potential Power and Power Use：An Investigation of Structure and Behavior ［J］. Academy of Management Journal, 1993 (36)：441-470.

［153］Scott J. Social Network Analysis：A Handbook ［M］. Thousand Oaks，CA：Sage，1991.

［154］Freeman R. E. ，Evan W. M. Corporate Governance：A Stakeholder Inter-pretation ［J］. The Journal of Behavioral Economics，1990（19）：337-359.

［155］Wellman B. ，Berkowitz S. D. Social Structures：A Network Approach ［M］. New York：Cambridge University Press，1988.

［156］罗家德. 社会网络研究的构架——以组织理论与管理研究为例 ［J］. 社会，2008，28（6）：15-38.

［157］Granovetter，Mark. Economic Action and Social Structure：The Problem of Embededness ［J］. American Journal of Sociology，1985（91）：481-510.

［158］Knoke D. Networks of Elite Structure and Decision Making. Advance in So-cial Network Analysis：Research in the Social and Behavioral Science ［M］. Thousand Oaks，CA：sage，1994.

［159］汪小帆，李翔，陈关荣. 复杂网络理论及应用 ［M］. 北京：清华大学出版社，2006.

［160］Freeman L. C. Centrality in Social Networks：Conceptual Clarifications ［J］. Social Networks，1979（1）：215-239.

［161］李林艳. 社会空间的另一种想象——社会网络分析的结构视野 ［J］. 社会学研究，2004（3）：64-75.

［162］刘军. 整体网络分析讲义——UCINET 软件应用 ［C］. 第二届社会网与关系管理研讨会资料. 哈尔滨：哈尔滨工程大学社会学系，2007.

［163］Johnson P. ，Duberley J. Understanding Management Research：An Intro-duction to Epistemology ［M］. London：Sage，2000.

［164］Koskela L. Howell，G. The Underlying Theory of Project Management is Obsolete. Proceedings of PMI Research ［C］. Conf，Proj Mnag Inst，Seatle，2002：293-301.

［165］Linehan C. ，Kavanagh D. From Project Ontology to Communities of Vir-tue. in Hodgson D. and Cicmil C. （eds. ），Making Projects Critical ［M］. Newyork：Palgrave Macnillan，2006.

［166］Williams T. M. Assessing and Moving on from the Dominant Project Man-agement Discourse in the Light of Project Overruns ［J］. IEEE Transactions on Engineering Management, 2005, 52 (4): 497-508.

[167] Lucas C. The Philosophy of Complexity [EB/OL] . www. calresco. org/ themes. htm, 2000.

[168] Cacaiabue P. C. Human Factors Impact on Risk Analysis of Complex Systems [J] . Journal of Hazardous Materials, 2000, 71 (1): 101-116.

[169] Thompson J. D. Organization in Action: Social Science Bases of Administration Theory [M] . New York: McGraw-Hill Book Company, 1967: 55-59.

[170] Baccarini D. The Concept of Project Complexity: A Review [J]. International Journal of Project Management, 1996 (14): 201-204.

[171] Jensen C. , Johansson S. , Lofstrom M. Project Relationships: A Model for Analyzing Interactional Uncertainty [J] . International Journal of Project Management, 2006, 24 (1): 4-12.

[172] Engwall M. No Project is an Island: Linking Projects to History and Context [J] . Research Policy, 2003, 32 (5): 789-808.

[173] Chapman C. B. , Ward S. C. Project Risk Management: Processes, Techniques, and Insights [R] . 2nd Edition, Chichester, UK, John Wiley and Sons, 2003.

[174] Bertelsen S. Construction as a Complex System [C] . 11th International Group for Lean Construction Conference, Blacksburg, Virginia, U. S. A. , 2003.

[175] De Meyer A. , Loch C. H. and Pich M. T. Managing Project Uncertainty: From Variation to Chaos [J] . MIT Sloan Management Review, 2002, 43 (2): 60-67.

[176] Maruboyina R. Project Uncertainty Management [J] . Cost Engineering, 2003, 45 (12): 21-24.

[177] Stacey R. Complex Responsive Processes in Organizations: Learning and Knowledge Creation [M] . London: Routledge, 2001.

[178] Stacey R. D. Complexity and Group Processes: A Radically Social Understanding of Individuals [M] . Hove, UK: Brunner-Routledge, 2003.

[179] Winter M. , Smith C. , Morris P. , Cicmil S. Directions for Future Research in Project Management: The Main Findings of a UK Government-funded Research Network [J] . International Journal of Project Management, 2006 (24): 638-

649.

[180] Soderlund J. Building Theories of Project Management: Past Research, Questions for the Future [J]. International Journal of Project Management, 2004, 22 (3): 183-191.

[181] Cicmil S., Cooke - Davies T., Crawford L. & Richardson K. Impact of Complexity Theory on Project Management: Mapping the Field of Complexity Theory, and Using one Concept of Complexity as an Interpretive Framework in Studying Projects and Project Management Practice [M]. First Interim Report on the Progress of the PMI Funded Project, the Research Team's Database, 2006.

[182] Stacey R. D. The Science of Complexity: An Alternative Perspective for Strategic Change Processes [J]. Strategic Management Journal, 1995, 16 (6): 477-495.

[183] Cicmil S., Marshall D. Insights into Collaboration at the Project Level: Complexity, Social Interaction and Procurement Mechanisms [J]. Building Research and Information, 2005, 33 (6): 523-535.

[184] Mead G. H. Mind. Self and Society [M]. Chicago: Chicago University Press, 1934.

[185] Cilliers P. Why We Cannot Know Complex Things Completely [J]. Emergence, 2002, 4 (1/2): 77-84.

[186] Bion W. R. Experience in Group and Other Papers [M]. Tavistock Publication, London, 1961.

[187] Dooley K. J. A Complex Adaptive Systems Model of Organization Change [J]. Nonlinear Dynamic, Psychology, and Life Sciences, 1997, 1 (1): 69-97.

[188] Lewin R. Complexity: Life at the Edge of Chaos [M]. New York: Macmillan, 1992.

[189] Argyris C., Schon D. Organizational Learning: A Theory of Action Perspective [M]. Addison Wesley, Reading, MA, 1978.

[190] Johnson G. Strategic Change and the Management Process [M]. Blackwell, Oxford, 1987.

[191] 徐鼎. 项目建设期道德风险的博弈分析研究 [J]. 中国软科学, 1999 (2): 8-24.

［192］贺卫. 寻租经济学［M］. 北京：中国发展出版社，1999.

［193］成力为. 建设主体寻租活动效用分析［J］. 哈尔滨建筑大学学报，2001（2）：110-113.

［194］Miles M. P.，Paul C. W.，Wilhite A. Modeling Corporate Entrepreneurship as Rent-seeking Competition［J］. Technovation，2003，23（5）：393-400.

［195］Akerlof G. The Market for Lemons：Quality Uncertainty and the Market Mechanism［J］. Quarterly Journal of Economics，1970，84（3）：488-500.

［196］Friedman J. A Non-cooperative Equilibrium for Supergames［J］. Review of Economic Studies，1971（38）：1-12.

［197］让-雅克·拉丰，大卫·马赫蒂摩. 激励理论（第一卷）：委托—代理模型［M］. 陈志俊等译. 北京：中国人民大学出版社，2002.

［198］张维迎. 博弈论与信息经济学［M］. 上海：三联书店，上海人民出版社，1996：403-441.

［199］Rabin，Matthew. Incorporating Fairness into Game Theory and Economics［J］. The American Economics Review，1993（83）：1291-1302.

［200］秦旋. 建筑市场行为主体最优策略研究［M］. 北京：科学出版社，2008.

［201］Axelrod R. The Complexity of Cooperation：Agent-Based Models of Competition and Collaboration［M］. Princeton：Princeton University Press，1997.

［202］蒲永健. 植入"公平博弈"的委托代理模型［J］. 当代财经，2007，268（3）：5-11.

［203］罗伯特·吉本斯. 博弈论基础［M］. 北京：中国社会科学出版社，1999.

［204］Fehr E.，Schmidt K. A Theory of Fairness，Competition，and Cooperation［M］. Quarterly Journal of Economics，1999（114）：817-868.

［205］刘晓红，徐玖平. 项目风险管理［M］. 北京：经济管理出版社，2008.

［206］吴殿廷，李东方. 层次分析法的不足及其改进的途径［J］. 北京师范大学学报（自然科学版），2004，40（2）：264-268.

［207］魏翠萍，章志敏. 一种改进判断矩阵一致性的算法［J］. 系统工程理论与实践，2000（8）：62.

［208］Thomas G. , Bone R. Innovation at the Cutting Edge：The Experience of 3 Major Infrastructure Projects［C］. CIRIA and Department of Environmental Transport Regions，2002.

［209］Hillson D. Extending the Risk Process to Manage Opportunities［J］. International Journal of Project Management 2002，20（4）：235-240.

［210］王长峰. 现代项目风险管理［M］. 北京：机械工业出版社，2008.

［211］张勇慧，林焰，纪卓尚. 基于层次分析法的船舶工程项目事后评价研究［J］. 大连理工大学学报，2002，22（11）：129.

［212］Steong K. C. et al. The Rules of Stakeholder Satisfaction［J］. Journal of Business Ethics，2001（32）：219-230.

［213］Susskind L. , Field P. Dealing with an Angry Public-the Mutual Gains Approach［M］. Newyork：Free Press，1996.

［214］曹曼. 论科学合作中的伙伴关系管理问题［J］. 工业技术经济，2008，176（6）：144-147.

［215］任伟民，赵禹骅. 项目组织结构的设计问题研究［J］. 东方电气评论，2002，16（3）：146-152.

［216］刘洪. 涌现与组织管理［J］. 研究与发展管理，2002，14（4）：40-45.

［217］Aaltonen K. , Kujala J. , Oijala T. Stakeholder Salience in Global Projects［J］. International Journal of Project Management，2008，26（5）：509-516.

［218］Friedman A. L. , Miles S. Stakeholders Theory and Practice［M］. Oxford University Press，UK，2006.

［219］Salado A. , Nilchiani R. The Concept of Problem Complexity［J］. Procedia Computer Science，2014，28（28）：539-546.

［220］Ilke Kardes，Ayse Ozturk，S. Tamer Cavusgil，Erin Cavusgil. Managing Global Megaprojects：Complexity and Risk Management［J］. International Business Review，2013（22）：905-917.

［221］Marian Bosch-Rekveldta，Yuri Jongkindb，Herman Mooia. Grasping Project Complexity in Large Engineering Projects：The TOE（Technical，Organizational and Environmental）Framework［J］. International Journal of Project Management，2011（29）：728-739.

［222］Neanna M. Kennedey，Sara A. Mcoomb，Ralitza R Vozdolska. An Investigation of Project Complexity's Influence on Team Communication Using Monte Carlo Simulation［J］. Journal of Engineering and Technology Management，2011（28）：109-127.

［223］何清华，罗岚，陆云波，李永奎. 项目复杂性内涵框架研究述评［J］. 科技进步与对策，2013，30（23）：156-160.

［224］He Xu dong. Study on Behavioral Risks Based on Complexity Theory［J］. Applied Mechanics and Materials，2013（357/360）：2353-2357.

［225］He Xu dong，Zhang Yuan Yuan. Study on Application of the Complexity Theory in the Project Management［C］. Applied Mechanics and Materials，2014（584/586）：2277-2281.

［226］Patel D. A. ，Jha K. N. Neural Network Model for the Prediction of Safe work Behavior in Construction Projects［J］. Journalof Construction Engineering and Management，2015，141（1）：25-38.

［227］何旭东. SNA 在建设项目主体风险管理中的应用研究［J］. 建设监理，2019（1）：67-69.

［228］温国锋. 复杂工程项目施工阶段行为风险评价模型［J］. 中国安全科学学报，2017（8）：162-168.

［229］李娟芳. 工程项目主体行为风险预警的物元分析模型［J］. 郑州大学学报（工学版），2012（5）：5-8.

［230］中国智能建筑协会. 2016 年建筑行业较大级以上施工事故统计分析及常见事故的预防措施［EB/OL］.［2017-02-16］. http：//www. chzl. org/c8/2869. html.

［231］何旭东. 基于复杂性分析的大型工程项目主体行为风险管理研究［J］. 技术经济与管理研究，2018（2）：37-41.

［232］陈艳，吕云翔，谢运慧. 基于 PT-MA 理论的 PPP 项目风险管理行为演化博弈分析［J］. 系统科学学报，2020（4）：65-70.

［233］Ka，Yan，Mok，et al. Stakeholder Management Studies in Mega Construction Projects：A Review and Future Directions［J］. International Journal of Project Management，2015.

［234］张维功，何建敏，丁德臣. 企业全面风险管理研究综述［J］. 软科

学, 2008, 22 (12): 40-43.

[235] 杨乃定, Rolf Mirus. 企业集成风险管理——企业风险管理发展新方向 [J]. 工业工程与管理, 2002 (5): 1-5.

[236] Jiang J. J, Chen E. , Klein G. The Importance of Building a Foundation for User Involvement in Information System Projects [J]. Project Management Journal. 2002, 33 (1): 20-26.

[237] Meredith J. R. , Mantel S. Project Management: A Managerial Approach [M]. John Wiley & Sons, 1996.

[238] Sauer K. , Bouman C. A Local Update Strategy for Iterative Reconstruction from Projcetions [J]. IEEE Transactions on Signal Processing, 1993, 41 (5): 2022.

[239] Wateridge J. Project leadership (2nd edn): Wendy Briner, Colin Hastings and Michael Geddes Gower [J]. International Journal of Project Management, 1997, 15 (4): 272.

[240] Alotaibi A. B. , Mafimisebi O P. Project Management Practice: Redefining Theoretical Challenges in the 21st Century [J]. Journal of Economics and Sustainable Development, 2016 (1): 93-99.

[241] Pitelis C. N. , Wahl M W. Edith Penrose: Pioneer of Stakeholder Theory [J]. Long Range Planning, 1998, 31 (2): 252-261.

[242] Project Management Institute. A Guide to the Project Management Body of Knowledge [M]. Project Management Institute, Inc. , 2004.

[243] Frederick W. C. , Post J. E. Davis, K. Business and Society: Corporate Strategy, Public Policy, Ethics [M]. New York: McGraw-Hiil, 1992.

[244] Charkham J. Corporate Governance: Lessons from Abroad [J]. European Business Journal, 1992 (4): 8-16.

[245] Wheeler D. , Sillanpää M. Including the Stakeholders: The Business case [J]. Long Range Planning, 1998 (31): 201-210.

[246] Clarkson M. A. Risk Based Model of Stakeholder Theory. Proceedings of the 2nd Toronto Conference on Stakeholder Theory [C]. Toronto: Centre for Corporate Social Performance & Ethics, University of Toronto, 1994.

[247] Mitchell R. K. , Agle B. Toward a Theory of Stakeholder Identification and

Salience: Defining the Principle of who and What Really Counts [J] . Academy of Management Review, 1997, 22 (4): 853-886.

[248] Ameyaw E. E. , Chan A. P. C. Identifying Public – private Partnership (PPP) risks in Managing Water Supply Projects in Ghana [J] . Journal of Facilities Management, 2013, 11 (2): 152-182.

[249] Xu Y. , Yeung J. F. Y. , Chan A. P. C. , et al. Developing a Risk Assessment Model for PPP Projects in China-A Fuzzy Synthetic Evaluation Approach [J]. Automation in Construction, 2010, 19 (7): 929-943.

[250] Svensson A, Hoffman A. Allocation of Risks in PPP Projects: A Comparison of UK Standard form and Swedish ABT 06 [D] . Halmstad University, 2011.

[251] Lehtiranta L. , Risk Perceptions, Approaches in Multi- organizations: A Research review 2000-2012 [J] . International Journal of Project Management, 2014, 32 (4): 640-653.

附　录

附录1
工程项目利益相关者范围筛选
专家评分表

填表日期：＿＿＿＿＿＿＿编号：＿＿＿＿＿＿

各位专家：

　　您好！

　　我们正在进行一项学术性课题的调查工作，旨在了解工程项目与利益相关者互动关系的现状和问题。

　　本调查采用无记名形式，问卷答案亦无对错之分，请您抽出宝贵时间，为我们提供真实信息，我们对您所填答的内容保密，在任何时候不会公开企业和个人信息，并保证这些数据资料只用于学术性研究，敬请安心填答。

　　衷心感谢您的支持与合作！

　　说明：

　　1. "工程项目"是指投资建设领域中的工程项目，即是为了特定目的而进行投资建设且含有一定建筑或相关建筑安装工程的项目。举例说明：建设一定规模的住宅小区；建设一定生产能力的车间或工厂；建设一定等级的高速公路；建设一定规模的医院和文化娱乐设施等。

　　2. "工程项目利益相关者"是指对工程项目投入一定专用性资产，能够影响项目过程并且其利益受到项目影响的个人或组织。广义的利益相关者主要包括业主、承包商、投资者（股东）、分包商、设备材料供应商、监理公司、设计公司、管理人员、员工、竞争者、金融机构（如银行等）、本国政府机构、外国政府、公众、社会团体（环境保护组织、消协等）、媒体（电视、报纸、网络等）、项目涉及社区、债权人、外围合作者（如科研机构、咨询公司）等。

3. 本问卷以建筑工程项目的利益相关者作为主要考察对象。

4. 请在您认为对工程项目影响较大的利益相关者名称后面打"√"，数量不限。

利益相关者	是否入选	利益相关者	是否入选
员工		外国政府	
项目管理团队		承包商	
教育机构		社会公众	
设备材料供应商		自然环境	
监理公司		媒体	
政府		竞争对手	
社会团体		社区	
项目业主		分包商	
外围合作者		宗教组织	
投资者		金融机构	

附录 2
利益相关者与工程项目互动关系调查问卷

填表日期：_____问卷序号：

各位朋友：

您好！

我们正在进行一项学术性课题的调查工作，旨在了解工程项目与利益相关者互动的问题，探索利益相关者与项目关系的属性，为项目利益相关者关系的评价和互动关系管理提供依据。

本调查采用无记名形式，问卷答案亦没有对错之分，请您抽出宝贵时间，为我们提供相关信息，我们将对您所填答的内容保密，在任何时候不会公开企业和个人信息，并保证这些数据资料不会用于商业利益，仅限于学术性研究。

衷心感谢您的合作与支持！

问卷说明：

1. "工程项目"是指投资建设领域中的工程项目，即是为了特定目的而进行投资建设且含有一定建筑或相关建筑安装工程的项目。举例说明：建设一定规模的住宅小区；建设一定生产能力的车间或工厂；建设一定等级的高速公路；建设一定规模的医院和文化娱乐设施等。

2. "工程项目利益相关者"是指对工程项目投入一定专用性资产，能够影响项目过程并且其利益受到项目影响的个人或组织。广义的利益相关者主要包括业主、承包商、投资者（股东）、分包商、设备材料供应商、监理公司、设计公司、管理人员、员工、竞争者、金融机构（如银行等）、本国政府机构、外国政府、公众、社会团体（环境保护组织、消协等）、媒体（电视、报纸、网络等）、项目涉及社区、债权人、外围合作者（如科研机构、咨询公司）等。

3. 本问卷以建筑工程项目的利益相关者作为主要考察对象。

一、工程项目关键利益相关者的属性识别

1. 利益相关者的属性得分——合法性

利益相关者对工程项目提出某些利益期望是正当合理的吗？请根据您的理解打分，合法性越高，得分越高，1~7代表得分从低到高，请在相应的"□"内画"√"。如果您不清楚，请选无法选择。

	1	2	3	4	5	6	7	无法选择
业主	□	□	□	□	□	□	□	□
承包商	□	□	□	□	□	□	□	□
监理公司	□	□	□	□	□	□	□	□
政府机构	□	□	□	□	□	□	□	□
竞争对手	□	□	□	□	□	□	□	□
媒体	□	□	□	□	□	□	□	□
公众	□	□	□	□	□	□	□	□
社会团体	□	□	□	□	□	□	□	□

	1	2	3	4	5	6	7	无法选择
社区	□	□	□	□	□	□	□	□
项目管理团队	□	□	□	□	□	□	□	□
设备材料供应商	□	□	□	□	□	□	□	□
分包商	□	□	□	□	□	□	□	□
金融机构	□	□	□	□	□	□	□	□
投资者	□	□	□	□	□	□	□	□
员工	□	□	□	□	□	□	□	□

2. 利益相关者属性得分——影响力

利益相关者的行为影响工程项目过程的重要程度是怎样的？请根据理解打分，影响力越大，得分越高，1~7代表得分从低到高，请在相应的"□"内画"√"。如果您不清楚，请选无法选择。

	1	2	3	4	5	6	7	无法选择
业主	□	□	□	□	□	□	□	□
承包商	□	□	□	□	□	□	□	□
监理公司	□	□	□	□	□	□	□	□
政府机构	□	□	□	□	□	□	□	□
竞争对手	□	□	□	□	□	□	□	□
媒体	□	□	□	□	□	□	□	□
公众	□	□	□	□	□	□	□	□
社会团体	□	□	□	□	□	□	□	□
社区	□	□	□	□	□	□	□	□
项目管理团队	□	□	□	□	□	□	□	□
设备材料供应商	□	□	□	□	□	□	□	□
分包商	□	□	□	□	□	□	□	□
金融机构	□	□	□	□	□	□	□	□
投资者	□	□	□	□	□	□	□	□
员工	□	□	□	□	□	□	□	□

3. 利益相关者属性得分——迫切性

利益相关者有时候需要项目管理对它们的要求给予急切关注或回应。项目应该满足利益相关者利益要求的紧急程度是怎样的？请根据理解打分，要求越迫切，得分越高，1~7代表得分从低到高，请在相应的"□"内画"√"。如果您不清楚，请选无法选择。

	1	2	3	4	5	6	7	无法选择
业主	☐	☐	☐	☐	☐	☐	☐	☐
承包商	☐	☐	☐	☐	☐	☐	☐	☐
监理公司	☐	☐	☐	☐	☐	☐	☐	☐
政府机构	☐	☐	☐	☐	☐	☐	☐	☐
竞争对手	☐	☐	☐	☐	☐	☐	☐	☐
媒体	☐	☐	☐	☐	☐	☐	☐	☐
公众	☐	☐	☐	☐	☐	☐	☐	☐
社会团体	☐	☐	☐	☐	☐	☐	☐	☐
社区	☐	☐	☐	☐	☐	☐	☐	☐
项目管理团队	☐	☐	☐	☐	☐	☐	☐	☐
设备材料供应商	☐	☐	☐	☐	☐	☐	☐	☐
分包商	☐	☐	☐	☐	☐	☐	☐	☐
金融机构	☐	☐	☐	☐	☐	☐	☐	☐
投资者	☐	☐	☐	☐	☐	☐	☐	☐
员工	☐	☐	☐	☐	☐	☐	☐	☐

二、利益相关者利益与工程项目双向互动关系

1. 利益相关者对工程项目的利益要求或期望

每个利益相关者都对项目有一定的利益要求或期望，请根据利益要求或期望的重要性排序，并将代表"重要性"的序号"1，2，3，…（1代表最重要；2，3，…表示重要性依次递减）"填在相应选项的括号内。

1.1　您认为，业主对项目的利益要求和期望应该是：（请排序）

A. 项目交付成果质量可靠、安全　　　　　　　　　　　　　　（　　）

B. 收益大且总投资控制在预算内　　　　　　　　　　　　　　（　　）

C. 项目工期缩短　　　　　　　　　　　　　　　　　　　　　（　　）

D. 项目成果有效提升公司形象　　　　　　　　　　　　　　　（　　）

E. 获取一定的社会效益　　　　　　　　　　　　　　　　　　（　　）

1.2　您认为，承包商对项目的利益要求和期望应该是：（请排序）

A. 招标过程公平公正　　　　　　　　　　　　　　　　　　　（　　）

B. 项目信息透明　　　　　　　　　　　　　　　　　　　　　（　　）

C. 保证合理利润　　　　　　　　　　　　　（　　　）

D. 风险合理分配　　　　　　　　　　　　　（　　　）

E. 与业主、监理方和谐合作　　　　　　　　（　　　）

1.3　您认为，监理公司对项目的利益要求和期望应该是：（请排序）

A. 业主信任，减少盲目干预　　　　　　　　（　　　）

B. 公平的监理合同条款　　　　　　　　　　（　　　）

C. 预期利润和激励报酬　　　　　　　　　　（　　　）

D. 合理分担项目风险　　　　　　　　　　　（　　　）

1.4　您认为，政府机构对项目的利益要求和期望应该是：（请排序）

A. 服务国家或地方经济　　　　　　　　　　（　　　）

B. 依法纳税，带来较多的税收　　　　　　　（　　　）

C. 提升本地区的形象　　　　　　　　　　　（　　　）

D. 培养更多技术和管理人员　　　　　　　　（　　　）

E. 提供就业机会　　　　　　　　　　　　　（　　　）

F. 承担一定的社会责任　　　　　　　　　　（　　　）

1.5　您认为，竞争对手对项目的利益要求和期望应该是：（请排序）

A. 公平竞争　　　　　　　　　　　　　　　（　　　）

B. 同行间交流与合作　　　　　　　　　　　（　　　）

1.6　您认为，媒体对项目的利益要求和期望应该是：（请排序）

A. 及时披露有关项目信息　　　　　　　　　（　　　）

B. 与项目中心沟通顺畅　　　　　　　　　　（　　　）

C. 承担一定的社会责任　　　　　　　　　　（　　　）

1.7　您认为，公众对项目的利益要求和期望应该是：（请排序）

A. 承担社会责任　　　　　　　　　　　　　（　　　）

B. 利于环境保护　　　　　　　　　　　　　（　　　）

C. 提供就业机会　　　　　　　　　　　　　（　　　）

1.8　您认为，社会团体对项目的利益要求和期望应该是：（请排序）

A. 守法经营，保障消费者权益　　　　　　　（　　　）

B. 考虑环保因素　　　　　　　　　　　　　（　　　）

C. 担负一定的社会公益责任　　　　　　　　（　　　）

D. 诚信经营、公平竞争　　　　　　　　　　（　　　）

1.9 您认为，项目所在社区对项目的利益要求和期望应该是：（请排序）

A. 参与社区活动，支持当地经济发展 （　）

B. 提升社区形象，促进社会文明进步 （　）

C. 为社区居民提供就业机会 （　）

1.10 您认为，项目管理团队对项目的利益要求和期望应该是：（请排序）

A. 薪酬设计具有激励性 （　）

B. 成长空间和职业发展前景良好 （　）

C. 组织氛围民主和谐 （　）

D. 培训成长的机会 （　）

E. 能够积累项目经验和自身技能 （　）

1.11 您认为，设备材料供应商对项目的利益要求和期望应该是：（请排序）

A. 及时回收设备和材料款项 （　）

B. 项目运作顺利 （　）

C. 建立长期互惠合作关系 （　）

D. 公平交易 （　）

1.12 您认为，分包商对项目的利益要求和期望应该是：（请排序）

A. 合理的利润空间 （　）

B. 及时结算 （　）

C. 合理分担项目风险 （　）

1.13 您认为，金融机构对项目的利益要求和期望应该是：（请排序）

A. 信贷资金安全、收益高 （　）

B. 能够有效监管项目投资安全 （　）

C. 项目信用评估等级高 （　）

D. 代理项目的相关资金往来业务 （　）

1.14 您认为，投资者对项目的利益要求和期望应该是：（请排序）

A. 投资收益率高 （　）

B. 有效降低项目风险 （　）

C. 项目公司能持续良好经营 （　）

1.15 您认为，员工对项目的利益要求和期望应该是：（请排序）

A. 工作安全，工作条件好 （　）

B. 稳定发展和自我成长空间 （　）

C. 较高的工资福利待遇　　　　　　　　　　　　　　　（　　）

2. 工程项目对利益相关者的利益要求或期望

项目的顺利运营得益于各利益相关者的积极参与、支持和合作。请根据项目对利益相关者的利益要求或期望的重要性排序，并将代表"重要性"的序号"1，2，3，…（1代表最重要；2，3，…表示重要性依次递减）"填在相应选项的括号内。

2.1　您认为，项目对业主的利益要求和期望应该是：（请排序）

A. 资金保障　　　　　　　　　　　　　　　　　　　（　　）

B. 公平招标　　　　　　　　　　　　　　　　　　　（　　）

C. 严格履行合同条款　　　　　　　　　　　　　　　（　　）

D. 具备一定的项目管理能力　　　　　　　　　　　　（　　）

E. 承担一定的社会责任　　　　　　　　　　　　　　（　　）

2.2　您认为，项目对承包商的利益要求和期望应该是：（请排序）

A. 符合行业资质要求　　　　　　　　　　　　　　　（　　）

B. 守法诚信经营　　　　　　　　　　　　　　　　　（　　）

C. 严格履行合同规定　　　　　　　　　　　　　　　（　　）

D. 具有一定资金和项目管理能力　　　　　　　　　　（　　）

E. 配合监理公司的监督工作　　　　　　　　　　　　（　　）

2.3　您认为，项目对监理公司的利益要求和期望应该是：（请排序）

A. 严格履行监理职责　　　　　　　　　　　　　　　（　　）

B. 遵守职业道德　　　　　　　　　　　　　　　　　（　　）

C. 坚持社会公众利益　　　　　　　　　　　　　　　（　　）

2.4　您认为，项目对政府机构的利益要求和期望应该是：（请排序）

A. 减少官僚作风　　　　　　　　　　　　　　　　　（　　）

B. 政策支持，保证合法经营利益　　　　　　　　　　（　　）

C. 精简烦琐的机构审批环节　　　　　　　　　　　　（　　）

2.5　您认为，项目对竞争对手的利益要求和期望应该是：（请排序）

A. 合作与交流　　　　　　　　　　　　　　　　　　（　　）

B. 遵守市场竞争规则　　　　　　　　　　　　　　　（　　）

2.6　您认为，项目对媒体的利益要求和期望应该是：（请排序）

A. 宣传、传播工程项目的积极信息　　　　　　　　　（　　）

B. 开展互利合作 （　　）

C. 保持充分沟通 （　　）

2.7　您认为，项目对公众的利益要求和期望应该是：（请排序）

A. 宣传、传播项目的积极信息 （　　）

B. 积极参与互动或成为最终用户 （　　）

2.8　您认为，项目对社会团体的利益要求和期望应该是：（请排序）

A. 充分沟通、达成谅解 （　　）

B. 互动参与的合作关系 （　　）

2.9　您认为，项目对所在社区的利益要求和期望应该是：（请排序）

A. 提供文化、社会、生活、交通等环境条件 （　　）

B. 加强沟通，建立和谐关系 （　　）

2.10　您认为，项目对项目管理团队的利益要求和期望应该是：（请排序）

A. 工作认真负责 （　　）

B. 具备项目管理技能和经验 （　　）

C. 遵守公司制度和职业道德 （　　）

D. 善于协调项目利益相关者之间的关系 （　　）

E. 保证项目达成预期目标 （　　）

2.11　您认为，项目对设备材料供应商的利益要求和期望应该是：（请排序）

A. 设备材料质量保证 （　　）

B. 技术支持售后服务 （　　）

C. 供应及时 （　　）

2.12　您认为，项目对分包商的利益要求和期望应该是：（请排序）

A. 具备分包施工能力 （　　）

B. 合理分担风险 （　　）

C. 保证分包项目工期和质量 （　　）

2.13　您认为，项目对金融机构的利益要求和期望应该是：（请排序）

A. 资金信贷保障 （　　）

B. 长期平等互利的高效合作关系 （　　）

2.14　您认为，项目对投资者利益要求和期望应该是：（请排序）

A. 长期稳定投资 （　　）

B. 积极参与项目互动管理 （　　）

2.15　您认为，项目对员工的利益要求和期望应该是：（请排序）

A. 工作认真负责　　　　　　　　　　　　　　　　　（　　　）

B. 遵守公司规章制度　　　　　　　　　　　　　　　（　　　）

C. 具有较高的忠诚度　　　　　　　　　　　　　　　（　　　）

三、背景资料

1. 您的性别：　　　　□男　　　　　　□女

2. 您的年龄：　　　　□20~29 岁　　□30~39 岁　　□40~49 岁　　□50 岁以上

3. 您从事工程项目相关工作领域的时间：

□1 年以内　　□1~5 年　　□6~10 年　　□11~20 年　　□20 年以上

4. 您在工程项目相关工作领域担任的职务是：

□一般员工　　□基层管理人员　　□中层管理人员　　□高层管理人员

5. 您现在公司的企业性质是：

□国有独资或控股企业　　□股份制企业　　□民营企业　　□外资企业

6. 与同行业公司相比，您现在工作的公司规模属于：

□大型企业　　□中型企业　　□小型企业

本问卷到此结束，感谢您的填答！